Wenn's Recht reist

Wenn´s Recht reist

Das Reisebuch von und für Juristen

herausgegeben
von
Arthur Weilinger

mit einem Geleitwort
von
Walter H. Rechberger

Manzsche Verlags- und Universitätsbuchhandlung

ISBN 3-214-00285-6

Telefon: (01) 531 61-0
eMail: verlag@MANZ.at
World Wide Web: www.MANZ.at
Layoutentwurf: Christine Horn & Thomas Esterer, 1070 Wien
Datenkonvertierung und Satzherstellung: **BuX.** Verlagsservice
Umschlaggestaltung: Wolfgang K. Buchner
Druck: Novographic, 1238 Wien

Viel zu spät begreifen viele die versäumten Lebensziele:
Freude, Schönheit der Natur, Gesundheit, Reisen und Kultur.
Drum, Mensch, sei zeitig weise! Höchste Zeit ist´s: Reise, reise!
Wilhelm Busch (1832 – 1908)

VORWORT DES HERAUSGEBERS

Als ich vor zwei Jahren von Herrn Dr. Herbert Rainer eingeladen wurde, in „Wenn´s Recht kocht“ mitzuschreiben, kam ich diesem Wunsch gerne nach. Als Dankeschön an die Autoren wurden wir von einem Team des Verlages rund um Herrn Dr. Wolfgang Pichler bekocht. An diesem überaus gemütlichen Abend in den Verlagsräumlichkeiten in der Johannesgasse in Wien wurde die Idee zu „Wenn´s Recht reist“ geboren. In Gesprächen mit den Kollegen stellte sich bald heraus, welch regionale Vielfalt hinsichtlich der kulinarischen Vorlieben bestand. Damals vermutete ich, hatte aber noch nicht den – das vorliegende Buch liefernden – Beweis, welch große Bedeutung die italienische Küche aber auch Italien als Reiseland für uns Juristen hat. Man könnte meinen, dass die Ausbildung im Römischen Recht am Anfang des Studiums hier zumindest (mit-)prägend war.

Auch wenn Österreichs Juristen viele Länder bereisen und auch von fernen Zielen träumen, so schätzen doch sehr viele den Urlaub im eigenen Land. Nur an wenigen Orten der Welt kann man die unterschiedlichen Jahreszeiten so erleben. Einzig der Wettergott könnte manchmal gnädiger sein.

Ich würde mich freuen, wenn dieses Büchlein einerseits dazu beiträgt, den Juristen nicht nur als „staubtrockenes“ Lebewesen zu sehen, sondern für den einen oder anderen Reisenden interessante Tipps liefern könnte.

Mein besonderer Dank gilt den Autoren, die ein wenig Einblick in ihre Reisegewohnheiten gegeben haben, allen voran dem Dekan der rechtswissenschaftlichen Fakultät der Universität Wien, Herrn o. Univ.-Prof. Dr. Dr. h. c. Walter H. Rechberger, der auch das Geleitwort zu diesem Buch verfasst hat. Seinen Ausführungen über die Bedeutung des Reisens kann ich mich nur vollinhaltlich anschließen. Danken möchte ich auch Frau Barbara Kern vom Verlag Manz für die hervorragende Betreuung dieses Projekts.

Wien, im Oktober 2005 *Arthur Weilinger*

ZUM GELEIT

„Die Welt ist ein Buch. Und wer nicht reist,
sieht nur eine Seite davon.“
Augustinus zugeschrieben

Das Reisen ist so alt wie die Menschheit; ihre Geschichte ist eine Geschichte der Migration, der Bewegung, des Reisens. Aus Afrika, bekanntlich die Wiege der Menschheit, brach der Homo sapiens das erste Mal vor rund 90.000 Jahren auf, um gegen Norden zu ziehen; vor rund 50.000 Jahren ist er dann in Australien und (wahrscheinlich) erst danach in Europa angekommen. Es ist bemerkenswert, dass alle großen Religionsstifter ihre Lehren nicht von einem Ort aus verkündet haben: Moses, Buddha, Jesus, Mohammed – sie alle waren Reisende. Noch heute begeistern uns die großen Reisen von „Entdeckern“ wie Marco Polo, Columbus, Vasco da Gama, Francis Drake, James Cook oder Livingstone und Stanley. Wie sehr das Reisen und die damit stets in Verbindung gebrachten Abenteuer die Menschen quer durch die Jahrtausende bewegt haben, zeigt nicht zuletzt eine Reihe von Hauptfiguren der Weltliteratur: Odysseus, Aeneas, Sindbad der Seefahrer, Parzifal, Robinson Crusoe, Gulliver, Faust, Kapitän Ahab, Kapitän Marlow, um nur einige zu nennen (vgl. dazu das Kapitel „Polytropos“ in Hermann Schlössers „In Büchern unterwegs“ [2003] 15 f.).

Als 1945 in Wien Geborener begann meine eigene „Reisekarriere“ freilich etwas schleppend. Zunächst ging es mir wie den meisten meiner (Wiener) Alterskollegen: Das „Abenteuer“ Reisen bestand in meiner Kindheit allenfalls aus der Überwindung der „Demarkationslinie“ an der Enns und im Erdulden der schrecklichen Straßen des Burgenlands, wenn es ans „Meer der Wiener“, den Neusiedler See, ging. Die einzigen Reiseerlebnisse aus dieser Zeit, deren Faszination sich tief in mein Gedächtnis eingegraben hat, sind die Zugfahrten mit zwei Dampflokomotiven über den Semmering. Der Autor der ersten Reiseliteratur, die mich begeisterte, weil es darin wirklich um Abenteuer ging, ist natürlich *Karl May* gewesen. Wie andere meiner (späteren, vor allem juristischen) Freunde haben mich die Bände „Durch die Wüste“, „Durchs wilde Kurdistan“ und „Von Bagdad nach Stambul“ weit mehr in den Bann gezogen als die Abenteuer von Winnetou und Old Shatterhand. Ohne dass die in den genannten Buchtiteln angesprochenen geographischen Zonen heute zu meinen besonderen Lieblingsreisezielen gehörten (was schon wegen der politischen Verhältnisse in manchen dieser Gebiete auf Verständnis stoßen wird), habe ich im Laufe der Jahre immerhin mehr von der Wüste gesehen und bin vor allem öfter in Istanbul gewesen als *Karl May*.

Diese frühesten Prägungen, die mir das Reisen als etwas Abenteuerliches, geheimnisvoll Verlockendes erscheinen ließen etwas, das es für mich in höherem Alter durchaus wieder geworden ist, wurden ab der späteren Gymnasialzeit von Bildungsidealen verdrängt, wie sie etwa in *Goethes* „Italienischer Reise" zum Ausdruck kommen. Zwar blieb mir die Sinnlichkeit, die bei *Goethe* (auch) für seinen Zugang zu Kunst und Kultur typisch ist, weitgehend verborgen, worin ich es aber mit dem (späteren) Geheimrat bald aufnehmen konnte, das war das Bestreben, mir Kunstwerke möglichst flächendeckend zu „erarbeiten". Ein Vergnügen war es nicht, mit mir die Toskana, Burgund oder Kastilien zu bereisen, denn ich wollte stets *alle* Kirchen sehen und darin auch *alle* bedeutenden Kunstschätze ausfindig machen. Dass dieses Bestreben wegen der unkoordinierten Öffnungszeiten in depressive Zustände mündete, ist nicht weiter verwunderlich; spätestens auf unserer Hochzeitsreise dürfte sich meiner lieben Frau in diesem Zusammenhang manch bange Frage gestellt haben. Heute bin ich zwar nicht mehr der Prototyp des Bildungsreisenden, doch überkommt mich bei „bildungspolitischem Neuland" immer noch das Perfektionismusstreben: Man müsste schon einmal *alle* (zugänglichen) Tempel von Kyoto besuchen …

Durch mein Jusstudium in Wien wurde dieses Reiseverhalten nicht grundsätzlich verändert, aber doch durch ein wichtiges Element bereichert: Im ersten, dem „rechtshistorischen" Studienabschnitt bot jedes Seminar, das etwas auf sich hielt, im Sommersemester eine Seminarreise an. Ich gehörte zu den „*Lentze*-Jüngern", die – auch noch als „Fortgeschrittene" zum Seminar zugelassen – unter Führung des Professors für Deutsches Recht und Prämonstratenser-Chorherrn *Hans Lentze* (dem ich auch – um es neudeutsch zu sagen – den *kick off* zu meiner wissenschaftlichen Laufbahn verdanke) im Lauf der Jahre nicht wenige von den unzähligen Kirchen und Klöstern Österreichs kennen- und lieben lernen konnten. Dabei galt eine einfache (oder besser: von uns Studenten sehr vereinfachte) Besichtigungsregel: „Eine Kirche – ein Gasthof". Erst durch diese Seminarreisen habe ich gelernt, wie gut sich auch sog. Bildungsreisen mit purem Vergnügen vertragen, und dass Spaß genauso wie (gutes) Essen und Trinken einfach zum Reisen gehören. Diese Erkenntnis hat sich bei mir später immer mehr verfestigt.

Hieß es demnach schon in meiner Studentenzeit „Wenn's Recht reist", so erst recht im Laufe meiner akademischen Laufbahn: Was 1978 mit meiner ersten Teilnahme an einer Tagung der Zivilprozessrechtslehrer in Innsbruck begann, steht heute mit insgesamt an die hundert Kongressteilnahmen, Gastvorlesungen und -vorträgen in 35 Ländern in (fast) allen Kontinenten zu Buche. Ich konnte dabei viele interessante juristische Entdeckungen machen und habe wahrscheinlich im Ausland um einiges mehr diskutiert als zu Hause; nicht selten hatte ich auch wesentlich aufmerksamere Zuhörer als in heimischen Hörsälen. Vor allem aber habe ich viel Verständnis für die Sichtweisen anderer Rechts(kultur)kreise entwickelt und viele gute Freunde gewonnen. Auch als juristisch Reisender hatte ich meistens meinen Spaß: Selbst in deutschen Landen, wo man übers Diskutieren gern die Zeit (und andere menschliche Bedürfnisse) vergisst, pflegen Kongresse in der Regel ein ansprechendes Rahmenprogramm zu bieten, das auch außerrechtliche, wenn auch meistens Bildungs-Inhalte vermittelt. Außerdem findet man gerade in deutschen Universitätsstädten, die ja oft eher Städtchen sind, nahezu ausnahmslos auch anständige Wirtschaften (mit dem Wein ist es freilich immer noch so eine Sache, aber darüber handelt ein anderes Büchlein dieser Reihe). Die tollsten Kongresse habe ich allerdings in Bologna, Gent und Oslo sowie in New Orleans, Brisbane und Peking erlebt (wer dabei war, wird sich erinnern). Trotzdem: So wie ich mich des Eindrucks nicht erwehren kann, dass mir in Rom stets etwas entgangen ist, wenn ich heute *Goethes* Italienische Reise (nach-)lese, so drängt sich mir bei Lektüre der köstlichen Campus-Trilogie von *David Lodge* die Vermutung auf, dass es Professoren für Literatur noch etwas lustiger haben als solche für Rechtswissenschaften. Immerhin habe ich „Changing Places" – wenn auch nicht in allen Facetten – als Visiting Professor in den USA durchaus erlebt.

Damit bin ich aber bei meiner wichtigsten juristischen Reise angelangt: Im Jahr 1989 mit meiner Familie in die USA zu gehen, bedeutete für mich in der Tat so etwas, wie bei einer Weggabelung den weniger begangenen Weg zu wählen, um dann mit *Robert Lee Frost* sagen zu können: „Und das hat mein Leben verändert". Damit meine ich nicht so sehr, dass ich mich seither ein bisschen im amerikanischen Prozessrecht auskenne und dass dieser Aufenthalt meiner Karriere zweifellos nicht geschadet hat, sondern dass wir damals von weitgehend auf Europa beschränkten Bildungsreisenden zu Weltreisenden geworden sind. Es geht jetzt nicht darum, Orte aufzuzählen und darüber zu berichten, was uns am meisten beeindruckt hat. Ich möchte aber versuchen zum Ausdruck zu bringen, was für mich durch diese Reisen anders geworden ist, warum sich mein Leben verändert hat: So wie sich der Blick des Juristen durch die Arbeit in und mit fremden Rechtsordnungen weitet und das Verständnis für zunächst vielleicht geradezu abwegig erscheinende Lösungen wächst, so verändert die Begegnung mit unterschiedlichen Lebensmodellen und Denkweisen, aber auch Glaubenslehren auch die allgemeine Sichtweise. Reisen macht nicht nur toleranter, sondern erhöht die Akzeptanzfähigkeit, die Fähigkeit, Menschen, die anders sind, anzunehmen und zwar nicht nur im Ausland, sondern auch, wenn sie uns zu Hause begegnen. Vielleicht spielt dabei auch eine Rolle, dass man als Viel-Reisender eben selbst oft ein Fremder ist, also jemand, der sich nicht gut auskennt, missverstanden wird und Sprachprobleme hat.

Es ist eine Banalität, dass uns Reisen der Natur näher bringt. Ich muss trotzdem erwähnen, dass bei mir nicht zuletzt der Besuch einer Reihe amerikanischer Nationalparks (es wäre schon eine tolle Sache, sie alle zu sehen …) bewirkt hat, bei aller – natürlich nach wie vor vorhandener – Bewunderung für die Kathedrale von Chartres und die Venus von Botticelli in den nicht von Menschenhand geschaffenen Attraktionen dieser Erde die wahren Wunder zu sehen. Darüber hinaus haben mir der Regenwald (wo immer), die Serengeti, der Kenai Fjords National Park in Alaska oder das Red Center Australiens auch dazu verholfen, Gelassenheit zu tanken und ruhig zu werden. Nicht von ungefähr sehen Naturvölker in solchen Traumlandschaften oft heilige Orte. Mögen auch mit den Entfernungen so manche Strapazen wachsen, so ist Reisen für mich daher heute immer auch eine Zeit zum Nachdenken, Meditieren und Kraft schöpfen.

Berufliche Entwicklungen haben es zwar mit sich gebracht, dass sich in den letzten Jahren in meinem (Hand-)Gepäck – ganz nach dem Motto „Wenn's Recht reist" – fast immer irgendein Vortragsmanuskript, Fahnen für eine (längst überfällige) Neuauflage eines meiner Bücher oder zumindest eine Dissertation findet. Trotzdem ist es mein Credo, dass dieses Motto nicht überspannt werden sollte: Auch der Jurist, der seinen Beruf liebt und darin etwas leistet, sollte nicht so sehr mit „Leib und Seele" Jurist sein, dass er darauf vergisst, was Leib und Seele sonst noch brauchen: Er sollte reisen – bisweilen auch dem Recht davon!

Seit Jahrzehnten pflegen meine Frau und ich wenn möglich gleich nach Semesterschluss Ende Juni/Anfang Juli zu verreisen, um den Stress des Lehrberufs möglichst schnell hinter uns zu lassen. Dabei habe ich das *take off* des Flugzeugs in Schwechat immer wieder als „Abflug" in mehrfacher Bedeutung erlebt, nämlich auch als Start in eine andere Lebensdimension, in jene der oft zitierten Leichtigkeit des Seins. „Beflügelt erheben wir uns über uns selbst, lassen unsere Sorgen, unsere Zwänge, lassen den Alltag zurück" (*Steve Zikman*, „Weit weg und glücklich" [2003] 53). Ich wünsche diesem Büchlein, dass es die reisenden Juristen in ihren Neigungen bestärkt, vielleicht aber auch dem einen oder anderen Reisemuffel (ob von juristischer Profession oder nicht) Lust macht, sich doch einmal (weiter weg) zu bewegen.

Walter H. Rechberger

DIE AUTOREN

Borth, Conrad Carl
Borth-Böhler, Elisabeth
Brandstätter, Helmut
Braunegg, Georg
Brenn, Christoph
Bruckner, Karl
Brustbauer, Konrad
Danzl, Karl-Heinz
Deixler-Hübner, Astrid
Dessulemoustier-Bovekercke, Isabelle
Elsner, Bernt
Forgó, Nikolaus
Galla, Franz
Geppert, Stefan
Glawischnig-Piesczek, Eva
Gleitsmann, Martin
Gollob-Palten, Eva
Harrer, Friedrich
Hausreither, Meinhild
Hirschler, Klaus
Hirtzberger, Johannes
Hoeren, Thomas
Hopf, Herbert
Hübner, Klaus
Juen, Thomas
Kalss, Susanne
Karasek, Georg
Kletečka, Andreas
Klicka, Thomas
Knechtsberger, Alexander
Knell, Alexandra
Krammer, Harald
Krejci, Heinz
Lerch, Kent D.
Lewisch, Peter
Lusser, Josef
Maier, Gustav
Mazal, Wolfgang
Missriegler, Herbert
Neumayr, Matthias
Nowotny, Christian
Oberhammer, Paul
Obermaier, Josef
Ofner, Helmut
Oppitz, Martin
Otto, Gerald
Rainer, Herbert
Rechberger, Walter H.
Reiber, Andrea
Reissner, Gert-Peter
Risak, Martin E.
Schopper, Alexander
Schulev-Steindl, Eva
Schwarzenbacher, Erich
Scolik, Reinhard
Simotta, Daphne-Ariane
Somek, Alexander
Stranzinger, Thomas
Strauss, Eduard
Tanzer, Michael
Teschner, Hellmut
Uher, Thomas
Weigand, Arno
Weilinger, Arthur
Weißl, Josef
Welser, Irene
Welser, Rudolf
Wilhelm, Georg
Winsauer, Günther
Wolf, Christian
Woschnak, Klaus
Zehetner, Jörg
Zeitel, Ulrich

DIE REISEZIELE

DR. CONRAD CARL BORTH

Rechtsanwalt

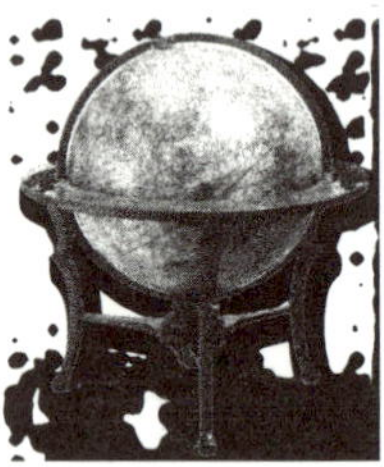

Reisen bedeutet für mich:
Neues erleben – leben!!!

Mein idealer Reisegefährte:
Meine Frau Elisabeth

Der ideale Urlaubstag:
Strand oder Sightseeing, dazwischen gut essen

Ein wunderbares Urlaubserlebnis:
Der erste Café in Italien

Meine absolute Traumreise würde mich führen:
Rund um die Welt

Drei Dinge, die in meinem Reisegepäck niemals fehlen dürfen:
Badehose, Kreditkarte, Bücher

Mein Urlaubs-Buchtipp:
Ernest Hemingway; Paul Auster

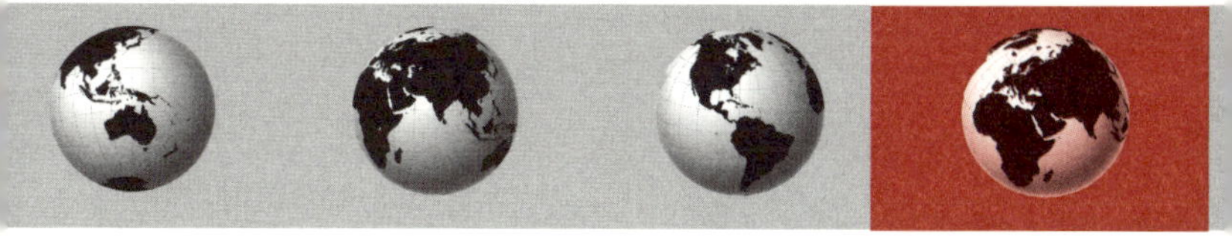

ITALIEN

Besonders fasziniert mich dort:
(Café-)Bars an jeder Ecke

Am besten kommt man dort hin:
Auto

Die beste Reisezeit dafür ist:
Frühjahr und Herbst

Meistens wohne ich:
Zwischen Triest und Rom

Mein Geheimtipp

Triest

DR. ELISABETH BORTH-BÖHLER

ao. Universitätsprofessorin

Reisen bedeutet für mich:
Derzeit: wunderbarer Costa Blanca-Alltag mit den Kindern

Mein idealer Reisegefährte:
Mein Mann Conrad

Der ideale Urlaubstag:
Ausschlafen, gemütliches „Sightseeing“, am Abend Picknick am Strand

Ein wunderbares Urlaubserlebnis:
Sonnenaufgang am Berggipfel

Meine absolute Traumreise würde mich führen:
Faroer-Inseln

Drei Dinge, die in meinem Reisegepäck niemals fehlen dürfen:
Buch, Kreditkarte, Sonnencreme

Mein Urlaubs-Buchtipp:
Erich-Maria Remarque, W. Somerset Maugham, Paul Auster

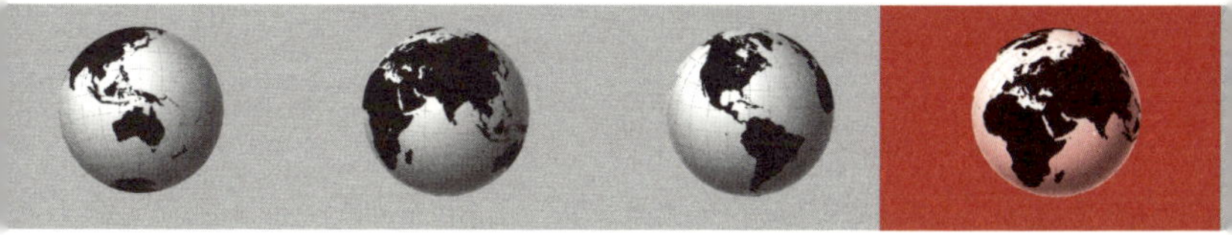

HAMBURG

Besonders fasziniert mich dort:
Der Hafen

Am besten kommt man dort hin:
Per Bahn

Die beste Reisezeit dafür ist:
Jede Jahreszeit

Meistens wohne ich:
Hotel beim Funk

Mein Geheimtipp

Kartoffelsalat im „Winterhuder Fährhaus“

DR. HELMUT BRANDSTÄTTER

Wirtschafts- und Medienberater

Reisen bedeutet für mich:
Freiheit

Mein idealer Reisegefährte:
Früher mein Freund Roland B., heute meine Frau

Der ideale Urlaubstag:
Schlafen, schwimmen, Sonne, ...

Ein wunderbares Urlaubserlebnis:
Vom 10-Meter-Turm springen.

Meine absolute Traumreise würde mich führen:
Ich hatte schon viele Traumreisen

Drei Dinge, die in meinem Reisegepäck niemals fehlen dürfen:
Bücher, Handy, Gourmet-Führer

Mein Urlaubs-Buchtipp:
Thomas Mann „Felix Krull"

Mein juristischer Reisetipp:
Das StGB

VENEDIG

Besonders fasziniert mich dort:
Vergangenheit, Strand und Kultur

Am besten kommt man dort hin:
Mit der Fähre

Die beste Reisezeit dafür ist:
September

Meistens wohne ich:
Hotel des Bains

DR. GEORG BRAUNEGG

Rechtsanwalt

Reisen bedeutet für mich:
Genießen, Entspannen und Abschalten

Mein idealer Reisegefährte:
Meine Ehefrau Vera

Der ideale Urlaubstag:
Welcher nicht?

Ein wunderbares Urlaubserlebnis:
Ein Tauchgang mit meiner Ehefrau im Indischen Ozean, bei welchem wir plötzlich auf eine Gruppe von Walhaien gestoßen sind, welche bis zum Ende des Tauchganges bei uns blieb, so dass wir die Walhaie in freier Natur in unmittelbarer Nähe beobachten konnten – ein traumhaftes und imposantes Naturerlebnis der ganz seltenen Art.

Meine absolute Traumreise würde mich führen:
Eine kombinierte Kultur- und Jagdreise nach Peru, Chile und Argentinien

Drei Dinge, die in meinem Reisegepäck niemals fehlen dürfen:
Lokalführer, Fernglas und Schweizermesser; für die Urlaubslektüre, die ebenfalls nicht fehlen darf, ist „mein idealer Reisegefährte" zuständig.

Mein Urlaubs-Buchtipp:
Zur Entspannung und Unterhaltung: Ingrid Noll „Die Häupter meiner Lieben"

Mein juristischer Reisetipp:
Aus Erfahrung empfehle ich Folgendes: Verhandle im Notfall nie an Ort und Stelle mit Versicherungen, Reiseveranstaltern, Rücktransportorganisationen, etc., sondern organisiere den Rücktransport selbst und führe die Verhandlungen über Ersatzansprüche mit den jeweiligen Ansprechpartnern von zu Hause aus.

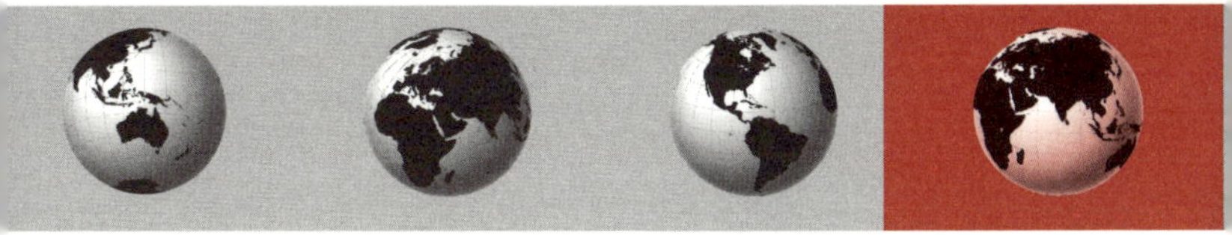

MALEDIVEN

Besonders fasziniert mich dort:
Das Gefühl zu haben, im Paradies zu sein.

Am besten kommt man dort hin:
Flugzeug und Wasserflugzeug

Die beste Reisezeit dafür ist:
Dezember – April

Meistens wohne ich:
Mirihi Island (www.mirihi.com)

Mein Geheimtipp

Ein kurzer Trip ins Collio mit Übernachtung z. B. entzückenden Hotel Castello Formentini in San Floriano del Collio (www.fivesenseshotels.com) ist nicht nur ein angenehmer Tapetenwechsel, sondern immer ein kulinarisches Erlebnis.

MAG. DR. CHRISTOPH BRENN LL.M.

Richter des Oberlandesgerichtes Wien

Reisen bedeutet für mich:
Am liebsten kombiniere ich eine Begegnung mit alten Kulturen mit Erholung bei ausgedehnten Wanderungen in faszinierenden Naturlandschaften oder aber bei einem Schnorchel- oder Tauchausflug in ökologisch gesunden Meeresgewässern.

Mein idealer Reisegefährte:
Christine, die sich auf die Reise gut vorbereitet hat.

Der ideale Urlaubstag:
Tempel- oder Grabdenkmälerbesuch am Vormittag; Sonnenschein und ein Palmenstrand, dazu ein intaktes Korallenriff mit unzähligen Fischen (lieber keine Haie) und auch die eine oder andere Wasserschildkröte am Nachmittag; landestypische kulinarische Genüsse in romantischer Umgebung am Abend.

Ein wunderbares Urlaubserlebnis:
Es war schon in Tansania, unweit der Grenze zu Kenia in der Nähe von Loitokitok, am Fuße des Kilimanjaro. Schon im frühen Morgengrauen suchten wir eine Wasserstelle auf und legten uns auf die Lauer. Wir mussten auch nicht lange warten, bis unser Jeep von fünf Löwendamen mit ihren Jungen belagert war. Dieses hautnahe Zusammentreffen mit den majestätischen Großkatzen gestaltete sich als unvergessliches Erlebnis. Die Löwenfamilie fühlte sich in unserer Nähe offenbar auch sehr wohl, weshalb sie beschloss, in unserem Schatten eine gemütliche Siesta einzulegen und unser Fahrzeug erst wieder nach Stunden freizugeben.

Meine absolute Traumreise würde mich führen:
Rund um die Welt; jeder Kontinent hat besondere Faszinationen zu bieten. Gerne würde ich die Wasserwelt rund um die Fidschi Inseln oder die Tierwelt auf den Galapagos erkunden.

Drei Dinge, die in meinem Reisegepäck niemals fehlen dürfen:
Taucherausrüstung, Fotokamera und Sonnencreme

Mein Urlaubs-Buchtipp:
Der jeweilige DuMont-Kulturreiseführer

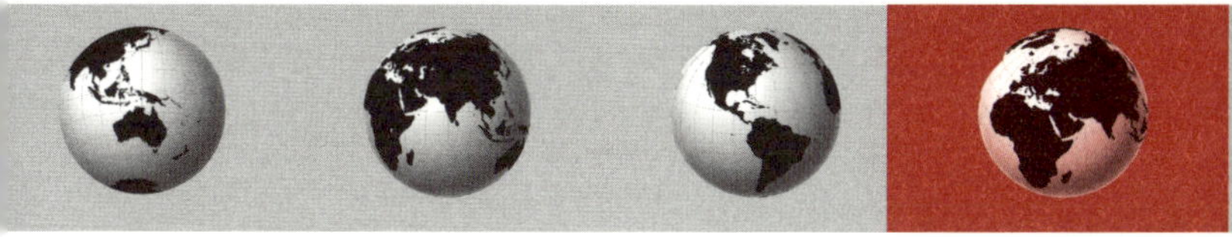

Mein juristischer Reisetipp:
Adressen und Telefonnummern der österreichischen Vertretungsbehörden notieren; Unfall-Rückholversicherung

ROM

Besonders fasziniert mich dort:
Die antiken Stätten rund um das Kolosseum und vor allem das Kapitol, auch wenn dieses heute nicht mehr von Gänsen bewacht wird. Den Tag lasse ich am liebsten in Trastevere ausklingen. Dort kann man nicht nur den von Lebensfreude geprägten Lifestyle der Römer erleben, sondern auch bei italienischen Nudel- und Weinköstlichkeiten in angenehmer Atmosphäre die Faszination der „dolce vita“ hautnah spüren. Empfehlenswert ist auch ein Besuch der Calixtus-Katakomben.

Am besten kommt man dort hin:
Mit dem Flugzeug

Die beste Reisezeit dafür ist:
Frühling; die schönste Art zur Verkürzung des Winters

Meistens wohne ich:
Hotel Rex, Via Torino 149, 00184 Rom; das Hotel ist über Internet buchbar: www.hotels-direct-rome.com.

Mein Geheimtipp
Ein Besuch von Olevano Romano; eine wunderschöne bergige Landschaft mit einzigartigem Ausblick lädt zum Spazieren ein; hier ließen sich die bekannten romantischen Maler inspirieren. Auch für Gaumenfreuden ist gesorgt, und zwar im Antico Ristorante „Sora Maria e Arcangelo“, Via Roma 42, 00035 Olevano Romano, Tel. 06/9564043.

PROF. DR. KARL BRUCKNER

Wirtschaftsprüfer und Steuerberater, Vizepräsident der Kammer der Wirtschaftstreuhänder, Geschäftsführer und Partner der BDO Auxilia Treuhand GmbH

Reisen bedeutet für mich:
Durch das Kennenlernen von anderen Kulturen, Menschen, Lebensweisen, Landschaften und auch kulinarischen Genüssen meinen persönlichen geistigen und sozialen Horizont zu erweitern. Angenehmer Nebeneffekt: Man wird beim Reisen ideal von Beruf und Alltagsstress abgelenkt.

Mein idealer Reisegefährte:
Gleichgesinnte, die mit dem Reisen die gleichen Ziele verbinden wie ich (insbesondere auch meine Frau).

Der ideale Urlaubstag:
Aufwachen in einem schönen Hotel, erste Erkundungen im Nahbereich des Hotels durch einen kleinen Morgenlauf, ausgiebiges Frühstück auf einer schönen Terrasse (mit See- oder Meeresblick), danach Durchführung des geplanten Reise- und Besichtigungsprogramms, am Abend Ausklang mit kulinarischen Köstlichkeiten des Urlaubslandes (einschließlich einer Verkostung landestypischer Weine).

Ein wunderbares Urlaubserlebnis:
Der Sonnenaufgang beim Tadj Mahal. Nachdem wir das Tadj Mahal am Nachmittag des Anreisetages mit zigtausend anderen (vor allem indischen) Touristen besucht haben, haben wir es geschafft am nächsten Tag in der Früh die ersten zu sein. Und wir wurden mit dem einmaligen Erlebnis belohnt, den Sonnenaufgang beim Tadj Mahal fast allein genießen zu dürfen. Auch unvergesslich: Die weltberühmte, über 2000 Jahre alte Terrakotta-Armee des ersten chinesischen Kaisers Qin Shi Huangdi.

Meine absolute Traumreise würde mich führen:
Fahrt von Moskau durch Sibirien nach China mit der transsibirischen Eisenbahn

Drei Dinge, die in meinem Reisegepäck niemals fehlen dürfen:
Meine Joggingausrüstung, meine Fotokamera und ein Radio-Weltempfänger

Mein Urlaubs-Buchtipp:
Merian-Hefte des jeweiligen Reiselands

Mein juristischer Reisetipp:
Unbedingt Versicherung für Ärzteflugambulanz für Unfall und Krankheit abschließen.

NORDITALIEN

Gerne reise ich nach:
Friaul, Julisch-Venetien, Gardasee, Istrien

Besonders fasziniert mich dort:
Neben der Kultur und der Schönheit der Landschaft vor allem auch die reichhaltigen kulinarischen Genüsse (exzellentes Essen, herrliche Weine).

Am besten kommt man dort hin:
Mit dem Auto (Südautobahn und Kanaltal oder Westautobahn und Brenner)

Die beste Reisezeit dafür ist:
Frühjahr (Mai, Juni). Wer auch Weine verkosten will, sollte das Wochenende der offenen Keller („Cantina aperte") im Mai nutzen.

Meistens wohne ich:
Kein fixes Hotel, wird nach dem jeweiligen Ziel ausgewählt.

Mein Geheimtipp
Am Gardasee gibt es in Marano di Valpolicella das Weingut des Guiseppe Lonardi (Via della Poste 2, 37020 Marano di Valpolicella, Tel. 0457755154), wo man nicht nur exzellente Weine bekommt, sondern in der dazugehörigen Trattoria auch bestens verköstigt wird.

DR. KONRAD BRUSTBAUER

Honorarprofessor, Vizepräsident des Obersten Gerichtshofes, Vorsitzender der Österreichischen Codexkommission und der Unabhängigen Heilmittelkommission

Reisen bedeutet für mich:
Erholung vom Alltagsstress

Mein idealer Reisegefährte:
Meine Gattin; sie kümmert sich um alle Details der Reise, die ich daher richtig entspannt genießen kann.

Der ideale Urlaubstag:
Ein Tag der ideal ist, wäre zu wenig. Alle Urlaubstage oder zumindest „fast" alle sollten wetter- und erlebnismäßig ideal sein.

Ein wunderbares Urlaubserlebnis:
Bei einem Kurzurlaub 2000 in der Schweiz habe ich auch jenen kleinen Ort (Itaslen) besucht, in dem ich – damals noch sehr untergewichtig – im Jahr 1947 im Rahmen der „Kinderverschickung" des Roten Kreuzes auf Erholung war. Ich fand, mehr als 50 Jahre danach, nicht nur die Ortschaft weitgehend unverändert, sondern auch das Haus in dem ich untergebracht war, vor allem aber traf ich auch die „Pflegemutter" von damals äußerst rüstig im Alter von 99 (!) Jahren. Mehr als fünfzig Jahre hatten wir keinen Kontakt und beide waren wir stark verändert. Sie hatte aber ein Fotoalbum, holte es hervor und anhand der Fotos von damals konnte sie sich an mich genau erinnern. Sie erzählte dann völlig zutreffend von meinen, zum Teil durchaus größeren Jugendstreichen, die ich dort in der Schweiz begangen aber zu Hause nie erzählt hatte und daher auch meiner mich begleitenden Gattin bis dahin völlig unbekannt waren.

Meine absolute Traumreise würde mich führen:
Nach Hawaii um dort beim Empfang sofort mit Blumen bekränzt zu werden.

Drei Dinge, die in meinem Reisegepäck niemals fehlen dürfen:
Pass, Kreditkarte und die jeweilige Beschreibung des Urlaubszieles

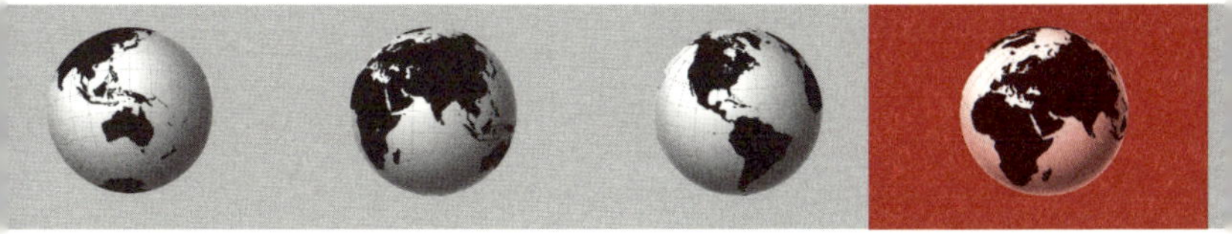

Mein Urlaubs-Buchtipp:
Heiteres und Besinnliches vor allem von Ephraim Kishon.

Mein juristischer Reisetipp:
Möglichst alle Risiken (Storno, Erkrankung, Schäden zu Hause) versichern, das beruhigt während des ganzen Urlaubs ungemein.

TIROL

Gerne reise ich nach:
Bad Jungbrunn bei Lienz, um dort unbeschwert zu wandern und um abschließend dann noch im nahe gelegenen Tristachersee zu schwimmen.

Besonders fasziniert mich dort:
Die Ruhe des Aufenthaltsortes und des Wanderns, aber auch die freundliche und umgängliche Art der Almhüttenbewirtschafter.

Am besten kommt man dort hin:
Mit den eigenen Füßen vom nächstgelegenen Bahnhof oder Autoabstellplatz.

Die beste Reisezeit dafür ist:
Der Herbst. Das Wetter ist meistens stabil und nicht so heiß wie im Hochsommer.

Meistens wohne ich:
Im Gasthof Reiter, Jungbrunn 3, 9900 Tristach

Mein Geheimtipp
Die Fischgerichte, die bei meinen früheren Aufenthalten nicht an allen, sondern nur an bestimmten Tagen vom Wirt selbst zubereitet wurden und jeweils „ausgefallen und excellent“ waren.

DR. KARL-HEINZ DANZL

Hofrat des OGH, Honorarprofessor Universität Innsbruck

Reisen bedeutet für mich:
Entspannen vom beruflichen Alltag; Kennenlernen fremder Länder und Kulturen einschließlich der Tier- und Pflanzenwelt.

Mein idealer Reisegefährte:
Meine Frau Gerda, die ich im Übrigen bei einer meiner Reisen kennen gelernt habe.

Der ideale Urlaubstag:
Aufwachen in einem guten Hotel (möglichst in zentraler Lage, um vielleicht noch bei schöner Morgensonne und ohne viele sonstige Touristen vor dem Aufbruch zum Tagesprogramm die eine oder andere Sehenswürdigkeit gut filmen zu können); ausführliche Besichtigungen des Zielortes; abends gepflegtes Essen (möglichst einheimische Küche) in einem guten Restaurant.

Ein wunderbares Urlaubserlebnis:
Der Sonnenauf- und -untergang am Ayers Rock in Australien; das Aufspüren eines Löwenrudels in einem afrikanischen Nationalpark; der morgendliche Aufstieg zum Goldenen Felsen in Burma; Fahrt mit dem „Palace on Wheels“ durch Rajasthan.

Meine absolute Traumreise würde mich führen:
Luxuskreuzfahrt zu den Hauptinseln der Südsee

Drei Dinge, die in meinem Reisegepäck niemals fehlen dürfen:
Fototasche mit Filmkamera samt Zubehör; kleines Taschencomputer-Schachspiel; Brustbeutel (für Geld, Kreditkarten und Pässe) zur Vermeidung allfälliger diebischer Zugriffe

Mein Urlaubs-Buchtipp:
John F. Kennedy „Zivilcourage“ („Profiles in Courage“), wofür der spätere US-Präsident 1954 den Pulitzer-Preis erhielt.

Mein juristischer Reisetipp:
Abschluss einer Stornoversicherung; keine Buchungen bei unbekannten „No-Name“-Veranstaltern (etwa auf Grund bloßer Postwurf- oder E-Mail-Werbungen).

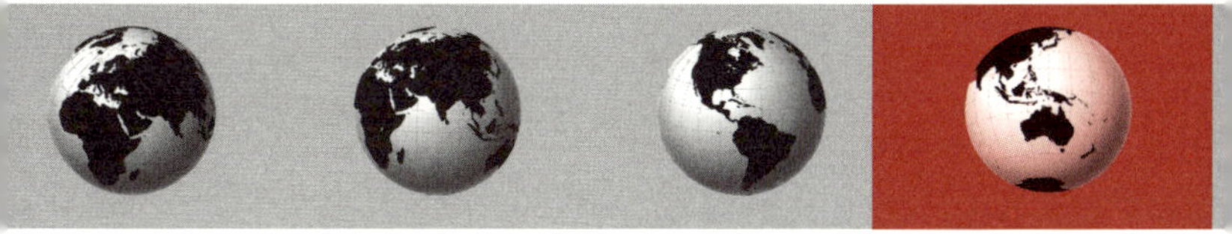

HONGKONG

Besonders fasziniert mich dort:
Diesen pulsierenden Schmelztiegel in Fernost habe ich (sowohl vor als auch nach Rückgabe an China) bereits mehrfach besucht (u. a. auch auf meiner Hochzeitsreise) und habe dort jedes Mal neue reizvolle Plätze (samt Filmmotiven) entdeckt; besonders faszinierten mich stets die beleuchtete Hafen-Skyline (vom Peak aus) und das Leben auf den Hausbooten in Aberdeen.

Am besten kommt man dort hin:
Mit dem Flugzeug über den neuen Flughafen Hongkong International Airport (www.hongkongairport.com).

Die beste Reisezeit dafür ist:
Spätherbst bis Frühjahr (alle Monate außerhalb der Monsunregenzeit).

Meistens wohne ich:
In einem Hotel auf der Halbinsel Kowloon, weil so die Geschäfte und Restaurants auf der Nathan Road samt Umgebung am leichtesten erreichbar sind.

Mein Geheimtipp
Der Vogelmarkt „Yuen Po Street Bird Garden“; wer, wie meine Frau und ich, Papageien besonders liebt und selbst solche hält, findet hier alle Arten bunter exotischer Wildvögel – freilich mit dem Wermutstropfen nicht immer in (gemessen an unseren europäischen Vorstellungen) artgerechter Käfighaltung.

DR. ASTRID DEIXLER-HÜBNER

a. Universitätsprofessorin, Universität Linz

Reisen bedeutet für mich:
Unbeschwert und frei von Verpflichtungen zu sein und neue Leute und Dinge kennenzulernen.

Mein idealer Reisegefährte:
Ein humorvoller, gelassener Mensch, der mich auf die kleinen, zu entdeckenden Natur- oder Kunstschönheiten aufmerksam macht und diese genießt, ohne ständig (Foto-)Sensationen nachjagen zu müssen.

Der ideale Urlaubstag:
Ein sonniger Tag inmitten von atemberaubender Natur ohne Menschenmassen, den man am Abend zu zweit bei einem guten Glas Rotwein ausklingen lässt.

Ein wunderbares Urlaubserlebnis:
Der Blick über das endlose Grün der Reisterassen Balis, die nur von wunderschönen Tempelanlagen durchzogen sind und mit einem Katamaran über das bereits menschenleere Meer segeln.

Meine absolute Traumreise würde mich führen:
Auf eine noch nicht vom Massentourismus entdeckte Südseeinsel, wo man die vielen, dort angesiedelten Erzählungen und Romane von W. S. Maugham nachempfinden kann.

Drei Dinge, die in meinem Reisegepäck niemals fehlen dürfen:
Bücher, Sonnencreme und gute Laune

Mein Urlaubs-Buchtipp:
„Mit Kant am Strand – ein Lesebuch für Nachdenkliche“ hrsg. von Brigitte Hellmann

Mein juristischer Reisetipp:
Alle allfällig auftretende Mängel in Bildern zu dokumentieren und sich vor Ort bei der Reiseleitung beschweren und diese Beschwerde bestätigen zu lassen, um sich im Prozessfall ausreichend abzusichern.

WALDVIERTEL

Besonders fasziniert mich dort:
Die Reize der mystischen Landschaft – z.B. Blockheide – kombiniert mit einem ansprechenden Kulturprogramm. Besonders schätze ich das Opernfestival in Gars. 2006 findet es ab 14. Juli mit der Verdi-Oper „Nabucco“ statt.

Am besten kommt man dort hin:
Mit dem Auto

Die beste Reisezeit dafür ist:
Frühling, Sommer und Herbst

Meistens wohne ich:
Im Schlosshotel Rosenau. Dieses kleine, feine Hotel ist im liebevoll restaurierten Schloss Rosenau untergebracht und umgeben von Wanderwegen in traumhafter Natur. Es eignet sich besonders für romantische Wochenenden und bietet speziell dafür entsprechende Arrangements an – z.B. unter dem Titel „Eine Nacht im Paradies“, „Mystische Romantik“ oder „Sternstunden“. Auch Küche und Keller des gemütlichen Restaurants sind äußerst empfehlenswert. Die Geschichte der Freimaurer wird einem im dort angesiedelten Museum nahe gebracht, dessen Besuch jedem geschichtlich oder kulturell Interessierten nur sehr ans Herz gelegt werden kann.
Info: 02822/58221-0; schloss.rosenau@wvnet.at

Mein Geheimtipp
Das Mohndorf Almschlag. Besonders zu empfehlen ist der Mohnwirt „Neuwiesinger“. Dort gibt es sämtliche kulinarische Köstlichkeiten aus Mohn, neben Traditionellem wie Mohnknödel, Mohnnudeln, Mohntorte auch Ausgefallenes wie Zander in der Mohnkruste, Mohnkäsesalat, Mohnmarmelade oder Mohnhonig. Einen Höhepunkt stellt der Mohnkirtag im September dar (Informationen: 02872/74 21).

DR. ISABELLE DESSULEMOUSTIER-BOVEKERCKE

Rechtsanwalt, Universitätslektor

Reisen bedeutet für mich:
Individuelle Erlebnisse außerhalb des Alltags mit Freude genießen.

Mein idealer Reisegefährte:
Sind mein Ehemann und meine Kinder. Ich reise nie alleine.

Der ideale Urlaubstag:
Wird ohne jede Erreichbarkeit mittels Mobiltelefon oder anderen technischen Einrichtungen verbracht. Der Tag beginnt vielleicht in einem Französischen Café und endet nach gemütlichem Schwimmen oder Besichtigungen von Bauwerken, Kunstgegenständen oder Einkaufsläden bei einem ausgezeichneten gepflegten Abendessen in einem netten kleinen Restaurant.

Ein wunderbares Urlaubserlebnis:
Nach zahlreichen Taxifahrten im lärmigen und heißen Bangkok verbrachten wir einen fantastischen Abend in fast absoluter Stille im Restaurant Vertigo (www.banyantree.com/bangkok/dining_vertigo.htm) auf der offenen Dachterrasse eines 61-stöckigen Hotels und konnten neben Sonnenuntergang auch das nächtliche Treiben der Stadt beobachten. Das Geländer bestand nur aus zwei dünnen Eisenrohren. Dies wäre in Österreich baupolizeilich undenkbar, in Bangkok fällt offenbar dennoch niemand hinab.

Meine absolute Traumreise würde mich führen:
Jedes Ziel, bei dem ich den Genuss von Komfort und Kultur verbinden kann. Davon existieren erfreulicherweise sehr viele.

Drei Dinge, die in meinem Reisegepäck niemals fehlen dürfen:
Kunstreiseführer von DuMont, Roter Guide Michelin für Restaurant und Hotels, Kreditkarte

Mein Urlaubs-Buchtipp:
Lektüre im Paperbackformat, damit der Koffer nicht überlastet wird und genügend Platz für Mitbringsel vorhanden ist.

Mein juristischer Reisetipp:
Das Reiserecht in der Praxis besteht leider häufig aus Beschwerden über die mangelhafte Durchführung von Pauschalreisen. Falls Ihnen der Mangel wirklich wichtig ist, melden Sie dies sofort und versuchen Sie eine für die restliche Urlaubszeit bestmögliche Lösung zu finden. In allen anderen Fällen lassen Sie sich nicht die schönste Zeit des Jahres durch Missmut über Unerhebliches verdrießen.

ITALIEN, GRIECHENLAND, FRANKREICH

Besonders fasziniert mich dort:
In Griechenland die fantastischen Tempel. In Italien die wunderbaren Dörfer voll italienischer Läden, ihren Cafés auf den Piazzas, Companiles und Palazzi. In Frankreich die außerordentliche Baukunst der Gotik, die sich in den unzähligen Kathedralen widerspiegelt.

Am besten kommt man dort hin:
Mit dem Flugzeug und Leihwagen

Die beste Reisezeit dafür ist:
September und Oktober, wenn die Sonnenstrahlen zahlreicher als die Touristen werden.

Meistens wohne ich:
In Hotels aus dem Roten Guide Michelin, die entsprechen immer der Beschreibung und können ohne Enttäuschung meist auch kurzfristig gebucht werden.

Mein Geheimtipp
Der Urlaub ist zu kurz um sich über Unwesentliches, wie verlorenes Gepäck, überbuchte Hotels oder andere Touristen zu ärgern. Versuchen Sie aus jeder Situation die schönste Zeit ihres Lebens zu machen, dann war der Urlaub für sie wertlos.

MMAG. DR. BERNT ELSNER

Rechtsanwalt, CMS Reich-Rohrwig Hainz, Wien

Reisen bedeutet für mich:
Aufbrechen, Neues kennen lernen, gemeinsam (kleine) Abenteuer erleben, Distanz gewinnen, gerne wieder nach Hause kommen

Mein idealer Reisegefährte:
Jene Menschen, mit denen ich am liebsten meine Zeit verbringe: meine Frau und meine Kinder.

Der ideale Urlaubstag:
Mit frischem Gebäck frühstücken, dann gemeinsam etwas unternehmen: eine Wanderung, eine Segeltour, einen Schitag; abends mit den Kindern spielen (derzeit aktuell: „Schwarze Katze").

Ein wunderbares Urlaubserlebnis:
Im Hochsommer nördlich des Polarkreises nach neun Tagen schwedischer Ebene quer durch Lappland der Überstieg nach Norwegen auf nur 1.000 Metern Seehöhe durch Schnee, eisige Flüsse, vorbei an zugefrorenen Seen und nach nur einem Tag der Blick auf norwegische Fjorde und die Lofoten vor der Küste.

Meine absolute Traumreise würde mich führen:
Mit dem Kanu eine Woche über 116 km durch die Seen und Flüsse des Bowron Lake Provincial Park mit den Quesnel Highlands im Westen und den Cariboo Mountains im Osten, British Columbia, Kanada (http://wlapwww.gov.bc.ca/bcparks).

Drei Dinge, die in meinem Reisegepäck niemals fehlen dürfen:
Fernstecher, Taschenmesser (Achtung, nicht ins Handgepäck!), Cash (denn ein goldbeladener Esel übersteigt die höchsten Mauern)

Mein Urlaubs-Buchtipp:
Immer wieder vergnüglich: Gedichte von Eugen Roth

Mein juristischer Reisetipp:
Vorsicht beim Tiefschnee fahren: Schon das Legen einer Spur ins ungesicherte Gelände kann haftungsbegründend sein, weil manch-

mal Ahnungslose – auch nach Stunden der Sonneneinstrahlung auf die betroffenen Hänge – Spuren blind folgen.

SALZKAMMERGUT

Gerne reise ich nach:
Attersee am Attersee im Salzkammergut, Oberösterreich

Besonders fasziniert mich dort:
Die Kombination von See, Berg, Wind, Fauna, der ultimative Erholungswert bei jedem Wetter

Am besten kommt man dort hin:
Mit dem Auto auf der A 1 bis zur Abfahrt St. Georgen, an Freitagen im Sommer stressfreier mit dem Zug bis Attnang-Puchheim; dort abholen lassen, weil mit dem Bus dauert es lange; Zug-Nostalgiker mit sehr viel Zeit können mit dem Zug über Vöcklamarkt und der Schmalspurbahn bis Attersee fahren.

Die beste Reisezeit dafür ist:
August, wenn es einem nichts ausmacht, halb Wien zu treffen; der Wind ist im Juni und September am besten.

Meistens wohne ich:
In unserem kleinen Sommerappartement im Union Yacht Club Attersee

Mein Geheimtipp

Für Tiefschneefans bietet der Kreuzkogel in Sport Gastein eine großartige Auswahl: Die „Nordabfahrt“ ist hunderte Meter breit und bietet daher meist noch Tage nach frischem Schneefall weitgehend unverspurte Hänge, ins Weißenbachtal führen Firnabfahrten im Frühjahr und über den Kappenkarsee kann man sich auch bei eingeschränkter Sicht oder mit kleineren Schifahrern in den Tiefschnee wagen.

DR. NIKOLAUS FORGÓ

Universitätsprofessor

Reisen bedeutet für mich:
Arbeit

Mein idealer Reisegefährte:
Meine Frau. Ohne sie würde ich freiwillig nicht reisen.

Der ideale Urlaubstag:
Mich irgendwo im Mai in Italien treiben lassen. Nein, nicht am Strand.

Ein wunderbares Urlaubserlebnis:
Zwei Wochen Big Island/Hawaii

Meine absolute Traumreise würde mich führen:
Tokio

Drei Dinge, die in meinem Reisegepäck niemals fehlen dürfen:
Mobiltelefon, Laptop, Kreditkarte

Mein Urlaubs-Buchtipp:
Die Onlinereiseführer von Lonelyplanet

Mein juristischer Reisetipp:
Donau-Universität-Krems mit Exclusivblick auf die Justizvollzugsanstalt Stein

TIMMENDORFER STRAND

Besonders fasziniert mich dort:
Die Ostsee

Am besten kommt man dort hin:
Flugzeug nach Hamburg, dann Bahn oder Mietwagen (unter 60 Minuten)

Die beste Reisezeit dafür ist:
Juni oder September

Meistens wohne ich:
In einer Pension, vgl. www.timmendorfer-strand.de

Mein Geheimtipp

Nord- und Ostsee (nein, nicht Sylt). Man kommt (auch aus Österreich) schnell hin, Wetter abwechslungsreich, Landschaft wunderbar, Hygienestandard pedantisch, Eingeborene (überwiegend) verständlich, Essen erträglich, Bier gut. Nur Wein sollte man nicht probieren.

MAG. FRANZ GALLA

Rechtsanwalt

Reisen bedeutet für mich:
Erholsamer Rückzug aus der Hektik des Arbeitsalltags

Mein idealer Reisegefährte:
Meine Familie: Barbara; Laura und Simon

Der ideale Urlaubstag:
Vollkommen entspannt eine schöne Stadt sehen oder eine erfrischende Wanderung unternehmen.

Ein wunderbares Urlaubserlebnis:
Meine Frau und ich kannten einander erst kurz, als bei unserem allerersten Urlaub nach einem Sturz von einem wilden korsischen Pferd mein rechtes Schlüsselbein in drei Teile zerbrach. Einerseits wollte ich lieber in Wien behandelt werden und bekam keinen Flug, andererseits waren wir mit dem Auto auf Korsika. Also fuhr meine Frau mit dem Auto auf die Fähre und dann bis Wien. Dies geschah im Jahre 1994 und hat unsere Beziehung bereits in deren Anfängen zu etwas Besonderem gemacht.

Meine absolute Traumreise würde mich führen:
Auf die Mondoberfläche

Drei Dinge, die in meinem Reisegepäck niemals fehlen dürfen:
Papier, ein Schreibgerät, ein gutes Buch

Mein Urlaubs-Buchtipp:
Umberto Eco „Das Foucaultsche Pendel“

Mein juristischer Reisetipp:
Europäischer Gerichtshof für Menschenrechte, Strassburg

RAMSAU AM DACHSTEIN

Besonders fasziniert mich dort:
Die Schönheit der Natur und die Stille

Am besten kommt man dort hin:
Mit dem Auto (von Wien): Südautobahn – A2, unter dem Semmering und dann über Bruck zur Pyhrnautobahn – A9, dann über die Ennstal-Bundesstraße bis Schladming

Die beste Reisezeit dafür ist:
Juli und August, weil die hohe Lage die Temperatur senkt

Meistens wohne ich:
Im Biobauernhof „Frienerhof“; Vorberg 33, 8972 Ramsau

Mein Geheimtipp

Villa Iris, Moscenicka Draga, Kroatien

MAG. STEFAN GEPPERT LL.M.

Rechtsanwalt

Reisen bedeutet für mich:
Das Kennenlernen fremder Kulturen, Entspannung, Natur erleben.

Mein idealer Reisegefährte:
Meine Frau Claudia

Der ideale Urlaubstag:
An einem Sommertag nicht zu spät aufstehen (Carpe diem!), nach einem guten Frühstück eine Bergwanderung unternehmen, am späteren Nachmittag Abkühlung im Meer oder in einem See suchen und am Abend bei einem guten Essen den Tag Revue passieren lassen.

Ein wunderbares Urlaubserlebnis:
Auf Grenada eine Wanderung durch den Regenwald auf den Mount Qua Qua machen, die Aussicht auf die Hauptstadt St. George und den Grand Étang Lake und Nationalpark bewundern und zur Abkühlung bei den Seven-Falls Wasserfällen baden.

Meine absolute Traumreise würde mich führen:
Nach Peru, zur Besichtigung der Ruinen der Inka Kultur und dann nach Ecuador, auf die Galapagos Inseln.

Drei Dinge, die in meinem Reisegepäck niemals fehlen dürfen:
Berg- oder feste Wanderschuhe, Badehose, Kamera

Mein Urlaubs-Buchtipp:
Urlaubslektüre mitnehmen, die zum Urlaubsland passt: Also Agatha Christies „Der Tod auf dem Nil“ für Ägyptenreisende, Gary Jennings „Der Azteke“ für den Mexikoreisenden etc.

Mein juristischer Reisetipp:
Die Juristerei nicht auf Reisen mitnehmen.

MADEIRA

Besonders fasziniert mich dort:
Die Vermengung von einheimischen portugiesischen und englischen (durch den regen Besuch von Engländern) kulturellen Einflüssen. Wanderungen entlang der Levadas (Bewässerungskanäle, die in die Berge Madeiras gegraben wurden, um das Regenwasser von den Bergen, wo sich die Wolken stauen und es viel regnet, in die trockeneren Küstengebiete zu bringen).

Am besten kommt man dort hin:
Mit dem Flugzeug (Pauschalarrangement bzw. flight-only).

Die beste Reisezeit dafür ist:
Anfang Januar, um dem kalten Wetter in Österreich zu entfliehen, Mai bis Juni, September bis Oktober. Von Mitte Jänner bis April regnet es zu oft, von Juli bis August ist es zu überlaufen.

Meistens wohne ich:
Hotel Cliff Bay, Estrada Monumental, 147, 9004-532 Funchal, Tel. +351 291 707700, www.cliffbay.com. Besonders schön ist ein Zimmer mit seitlichem Meerblick auf die Bucht von Funchal und das besonders elitäre Reid's Palace Hotel (www.reidspalace.com).

Mein Geheimtipp

Bei Morgengrauen mit dem Taxi auf den Pico do Arieiro fahren und von dort den Bergkamm entlang (Schwindelfreiheit und Trittsicherheit erforderlich!) zum Pico Ruivo wandern und man wird unterwegs und von ganz oben mit einem traumhaften Rundblick auf die gesamte Insel belohnt. (Bei Wanderungen auf Madeira eine Taschenlampe nicht vergessen, da viele Wege durch Tunnel führen.) Anschließend den Berg hinunter zur Küste nach Santana (die 1860 m bergab werden sich noch einige Zeit später in den Oberschenkeln bemerkbar machen), von dort wieder mit dem Bus zurück nach Funchal. Am Abend in einem guten Lokal (z.B. Restaurante Tokos oder Quinta da Palmeira) Fisch (Spezialität: Espada, ein Degenfisch der nur um Madeira und bei Japan vorkommt) essen.

DR. EVA GLAWISCHNIG-PIESCZEK

Stv. Bundessprecherin und Stv. Klubobfrau, Umwelt- und Verfassungssprecherin, Abgeordnete zum Nationalrat

Reisen bedeutet für mich:
Die schönsten und wildesten Naturlandschaften zu sehen, solange es sie noch gibt.

Mein idealer Reisegefährte:
Mein Mann

Der ideale Urlaubstag:
Mit der Sonne aufstehen, Laufen am Strand, Frühstück, Rasten in der Hängematte, dann schöne Orte aufsuchen.

Ein wunderbares Urlaubserlebnis:
Whale Watching in Island, Hängemattencamp im südamerikanischen Regenwald, Bisons am Campingplatz in Yellowstone

Meine absolute Traumreise würde mich führen:
Die Südinsel von New Zealand und Alaska – möchte beides noch machen.

Drei Dinge, die in meinem Reisegepäck niemals fehlen dürfen:
Lonely Planet, Goretex-Jacke

Mein Urlaubs-Buchtipp:
Zur Überbrückung von Warte- und Reisezeiten Bücher zum gegenseitigen Vorlesen, wie etwa Kohlmeiers nacherzählte Sagen des Klassischen Altertums und überhaupt: nicht allein lesen, sondern vorlesen.

Mein juristischer Reisetipp:
Verkehrsregeln beachten, egal wo! Kann oft unerwartet drastische Konsequenzen haben.

SIZILIEN, TAORMINA

Besonders fasziniert mich dort:
Mischung aus Lebensgenuss, gutem Essen, Shoppen, rundherum faszinierende Naturlandschaften (Ätna) und ein Hauch von multiethnischer Geschichte

Am besten kommt man dort hin:
Flugzeug

Die beste Reisezeit dafür ist:
Frühling/Ostern

Meistens wohne ich:
Taormina: Villa Fabbiano, geführt von Schweizern, maximal stilvoll

DR. MARTIN GLEITSMANN

Abteilungsleiter der Abteilung Sozialpolitik und Gesundheit der Wirtschaftskammer Österreich

Reisen bedeutet für mich:
Alles hinter mir lassen, möglichst viel Neues, Anderes kennen lernen, Unerforschtes entdecken, viele Eindrücke sammeln. Reisen bereichert das Leben in besonderer Weise.

Mein idealer Reisegefährte:
Ein sensibles Thema, weil ich durch meine Neugier ein anstrengender Reisepartner bin. Daher am liebsten meine Frau, aber auch allein fühle ich mich auf Reisen wohl.

Der ideale Urlaubstag:
Ein Morgenlauf durch die Natur einer neuen Landschaft, ein Bad im See bzw. im Meer, ein herzhaftes Frühstück auf einer Terrasse, dann Sonnenbraten am Wasser – ein Nachmittag mit einer Entdeckungsreise zu fremden Kulturen ins Landesinnere, zum Sonnenuntergang ein landestypisches Dinner.

Ein wunderbares Urlaubserlebnis:
Ein besonders ungewöhnliches, aufregendes und gleichzeitig großartiges Erlebnis war für mich der Besuch des Ras Mohammed-Nationalparks an der Südspitze der Sinaihalbinsel mit einem Schnorchelausflug in das reichhaltigste Korallenriff der Welt, wo man über tausenden farbenprächtigen Fischen schweben konnte.

Meine absolute Traumreise würde mich führen:
Ich träume schon lange von einer ausführlichen Inselreise in die entlegensten Teile der Südsee.

Drei Dinge, die in meinem Reisegepäck niemals fehlen dürfen:
Tagebuch, Foto-/Filmausrüstung und Reiseführer

Mein Urlaubs-Buchtipp:
Cornelia Madl „Auf Wanderschaft in Österreich“

Mein juristischer Reisetipp:
Für die Familie kann man das meistens kostengünstige Zusatzkranken-/Rückhol-/Stornoversicherungspaket empfehlen.

PÖRTSCHACH AM WÖRTHERSEE

Besonders fasziniert mich dort:
Das Zusammenspiel der Schönheiten der Natur mit gewachsener Kultur: ein herrlich gelegener, sauberer Badesee umsäumt von mittleren und höheren Bergen. Im Hinterland wunderschöne Wald-, Wiesen-, Burgen-, Land(Wirt-)schaft mit Möglichkeiten vom Schwammerlsuchen über Mountainbiken bis Golfen.

Am besten kommt man dort hin:
Zu empfehlen ist die schöne Bahnstrecke über den Semmering bis direkt nach Pörtschach, auch mit dem Auto wähle ich meist lieber die Semmeringroute als die A2.

Die beste Reisezeit dafür ist:
Mai, Juni und September, wenn entweder alles blüht und ein Bad im See schon möglich ist oder die herrlich ruhigen Spätsommertage am erwärmten See, wenn sich die Bäume langsam einfärben.

Meistens wohne ich:
Glücklicherweise im Haus der eigenen Familie. Empfehlen kann ich aber auch die Parkvilla Wörth/Hotel Dermuth in Pörtschach, eine Jahrhundertwende-Villa mit schönem Blick auf Maria Wörth oder das Hotel Schloss Leonstain in Pörtschach mit herrlichem Innenhof und eigenem Badestrand.

Mein Geheimtipp
Zum Wandern den kurzen Weg auf die alte Aussichtsplattform „Gloriette“ in der Nähe der Burgruine Leonstain mit Blick über den See auf die Grenzberge gegen Slowenien und Italien.Zum Essen das immer gut besuchte und echt italienische Restaurant „Ciao Ciao“ in Pörtschach, das abgesehen von der Lage an der Straße uneingeschränkt empfehlenswert ist oder das Seerestaurant „Maria-Loretto“ am Seeende in Klagenfurt mit Terrasse über dem See, von der aus sich der Sonnenuntergang am See mit kulinarischen Genüssen (Seefische!) verbinden lässt.

DR. EVA GOLLOB-PALTEN

Professorin am Institut für Zivilrecht, Universität Wien

Reisen bedeutet für mich:
Freiheit, Entdeckungslust, Anregung, Herausforderung

Mein idealer Reisegefährte:
Ist neugierig, flexibel, humorvoll und durch nichts zu erschüttern.

Der ideale Urlaubstag:
Viel Fremdes erleben und ein gemütlicher Abend mit lokaler Speis und ebensolchem Trank zum Ausklang.

Ein wunderbares Urlaubserlebnis:
Ein Besuch beim gerade aktiven Vulkan Kilauea auf Big Island of Hawaii: Atemberaubend, in den Schlund der Hölle zu blicken.

Meine absolute Traumreise würde mich führen:
Sie führt mich im heurigen Sommer nach Amazonien in den Regenwald. Weiters auf der Wunschliste: Das goldene Dreieck, Indien und die Südsee.

Drei Dinge, die in meinem Reisegepäck niemals fehlen dürfen:
Reiseführer, Lesestoff, bequeme Schuhe

Mein Urlaubs-Buchtipp:
Picus Lesereisen, passend zum Reiseziel

Mein juristischer Reisetipp:
Gegen alle Eventualitäten versichern.

VENEDIG

Besonders fasziniert mich dort:
Das Zusammenspiel von grandioser Prachtentfaltung und Morbidität, von Laut und Leise, von Stein und Wasser, von Touristenkulisse und vergessenen stillen Ecken.

Am besten kommt man dort hin:
Per Auto, abzustellen am Parkplatz San Giuliano. Kostet nichts, bislang Auto immer unversehrt wiederbekommen (Garantieübernahme ist das freilich keine!).

Die beste Reisezeit dafür ist:
Frühjahr oder Spätherbst

Meistens wohne ich:
Casa Gottardi: bed and breakfast, Palazzo aus dem 17. Jahrhundert beim Rialto ums Eck, drei entzückende Zimmer, Frühstück im Bett, eine reizende, sehr italienische, sehr sprachgewaltige Gastgeberin und verkraftbare Preise. Information: www.casagottardi.it (Beim Buchen bitte beste Empfehlungen von meinem Mann und mir an Signora Gottardi – schadet sicher nicht und könnte sich als nützlich erweisen.)

Mein Geheimtipp
Al Bottegon, kleine Stehweinschenke, Imbiss und Weinhandlung, im Viertel Dorsoduro am Rio San Trovaso (im Umkreis Akademiebrücke und Zattere): Cichetti (venezianische Häppchen), eine ombra (Weißwein)... Mehr Venezianer als Touristen, sehr wohltuend.

DR. FRIEDRICH HARRER

Universitätsprofessor

Reisen bedeutet für mich:
Fremde Kulturen kennen zu lernen und die Zeit mit Menschen zu verbringen, für die während des Jahres zu wenig Zeit zur Verfügung steht.

Mein idealer Reisegefährte:
Meine Frau und meine Kinder

Der ideale Urlaubstag:
Ein Schitag, an dem die Kinder auch nach achtstündigem Schivergnügen die Schi nicht abschnallen wollen.

Ein wunderbares Urlaubserlebnis:
Eine mediterrane Landschaft in der das germanische Touristenelement entweder fehlt oder durch Zurückhaltung und Bescheidenheit hervortritt.

Meine absolute Traumreise würde mich führen:
Von Italien nach Frankreich oder umgekehrt

Drei Dinge, die in meinem Reisegepäck niemals fehlen dürfen:
Lesebuch, Reservebuch, Ersatzbuch

Mein Urlaubs-Buchtipp:
„Der westöstliche Divan“

Mein juristischer Reisetipp:
Die Rechtswohltaten, die die Pauschalreiserichtlinie bietet, durch Verzicht auf Pauschalreisen nicht in Anspruch zu nehmen.

SIZILIEN

Besonders fasziniert mich dort:
Die Landschaft und die Gemengelage aus arabischer, normannischer und mediterraner Kultur

Am besten kommt man dort hin:
Mit dem Flugzeug (Palermo oder Catania)

Die beste Reisezeit dafür ist:
Das ganze Jahr

Meistens wohne ich:
In einem gemieteten Haus (Organisation Cuendet)

Mein Geheimtipp
Cefalù; empfehlenswert sind nicht nur der kleine Ort und das dahinter befindliche Bergland, sondern auch Ausflüge ins Innere der Insel.

MR DR. MEINHILD HAUSREITHER

Beamtin

Reisen bedeutet für mich:
Von A nach B und weiter nach C mit den unterschiedlichsten Transportmitteln zu gelangen und sich in E wieder auf A zu freuen. Auf dem Weg Menschen zu begegnen und Neues kennenzulernen.

Mein idealer Reisegefährte:
Ist vielseitig interessiert, zuverlässig und schnarcht nicht.

Der ideale Urlaubstag:
Jeder Tag, an dem Balance zwischen Ruhe und Aktivität herrscht.

Ein wunderbares Urlaubserlebnis:
Unvergesslich sind besonders die Naturwunder der Erde, wie die tosenden Wasserfälle und heißen Quellen in Island, die nächtliche Besteigung des Vulkans auf Stromboli, der heftige Monsunregen in den Ghats/Indien etc. und vor allem die Faszination meiner Mutter vom Ausflug in die Wüste in Jordanien.

Meine absolute Traumreise würde mich führen:
Nochmals Island verbunden aber mit Grönland, Madagaskar und Südafrika ... – einfach all jene Reiseziele, die in meinem Kopf sind.

Drei Dinge, die in meinem Reisegepäck niemals fehlen dürfen:
Taschenmesser, Papiertaschentücher, Zahnbürste

Mein Urlaubs-Buchtipp:
Endlich jene Bücher zu lesen, die während des Jahres mangels Zeit ungelesen blieben.

Mein juristischer Reisetipp:
Juristerei zu Hause lassen!

STEYR

Besonders fasziniert mich dort:
Es lässt sich Kunst und Kultur wie auch Natur wunderbar miteinander verbinden.

Am besten kommt man dort hin:
Mit dem Auto (Westautobahn Abfahrt Haag, Enns oder Sattledt je nach Anfahrt); Anreise auch mit der Westbahn (Umsteigen in St. Valentin) möglich.

Die beste Reisezeit dafür ist:
Advent oder wenn es nicht regnet.

Meistens wohne ich:
Zu Hause; für den Besucher empfehle ich mitten im Zentrum das Landhotel Mader.

Mein Geheimtipp
Nach einer ersten Besichtigung eines der schönsten Stadtplätze Europas, auf dem sich Gotik, Renaissance, Barock und Rokoko harmonisch aneinanderfügen, empfehle ich zur Stärkung das Romantikhotel Minichmayr. Man speist dort ausgezeichnet lokale Spezialitäten bei freundlicher Bedienung und mit herrlichem Blick auf die Pfarrkirche St. Michael und den Zusammenfluss von Enns und Steyr. Über diesem thront das mächtige Schloss Lamberg auf den Grundfesten der Styraburg. Nach einem anschließenden Rundgang im Wehrgraben und einem Museumsbesuch kann man sich im „wirt'shaus knapp am eCK“ im schattigen Gastgarten laben und den nächsten Besuch im vorweihnachtlichen Steyr, wo das „Christkindl“ zu Hause ist, planen. Vorher heißt es aber noch nach einer Fahrt mit der Museumsbahn die Kondition bei einer Fahrradtour ins Steyrtal unter Beweis zu stellen. Siehe http: www.tourism-steyr.at.

MMAG. DR. KLAUS HIRSCHLER

Ao. Universitätsprofessor, Steuerberater

Reisen bedeutet für mich:
Leider auch Kofferpacken

Mein idealer Reisegefährte:
Meine Frau Brigitta

Der ideale Urlaubstag:
Wetter und Stimmung heiter

Ein wunderbares Urlaubserlebnis:
Sternenhimmel über Miesenbach

Meine absolute Traumreise würde mich führen:
Einmal um die Welt

Drei Dinge, die in meinem Reisegepäck niemals fehlen dürfen:
Reiseapotheke (für die Kinder), Krimi, Handy (ausgeschaltet)

Mein Urlaubs-Buchtipp:
Die aktuelle Krimiempfehlung meiner Frau

Mein juristischer Reisetipp:
Stornoversicherung!!

OSTSTEIERMARK

Besonders fasziniert mich dort:
Ursprünglichkeit der Landschaft; die Menschen; Kulinaria

Am besten kommt man dort hin:
Mit dem Auto

Die beste Reisezeit dafür ist:
Jänner–Dezember

Meistens wohne ich:
Beim nicht zu verratenden Geheimtipp

DR. JOHANNES HIRTZBERGER, LL.M.

Rechtsanwalt in Salzburg

Reisen bedeutet für mich:
Die Vielfalt menschlicher Existenzmöglichkeiten zu erleben und in sie, wenngleich nur oberflächlich, einzutauchen. Daher jedenfalls nicht Beachcomber und *****.

Mein idealer Reisegefährte:
Meine Freundin Elisabeth, mit ihr zählt jede Urlaubsfreude doppelt.

Der ideale Urlaubstag:
Nach einer Nacht auf der Baumgartlalm (Salzburger Dolomiten = Gosaukamm) mit der Sonne aufstehen, Schwammerl, Beeren und Kräuter sammeln und nach einer Wanderung den Braten im Hüttenofen zubereiten und diesen zum Sonneuntergang mit einer oder mehren Flaschen Smaragd verzehren.

Ein wunderbares Urlaubserlebnis:
Aufstieg durch den nächtlichen Regenwald, um am Piton de Neige (Réunion) den Sonnenaufgang zu erleben.

Meine absolute Traumreise würde mich führen:
Costa Rica (Surfen), Ruwenzori (Wandern) mit anschließender Safari in Kenia

Drei Dinge, die in meinem Reisegepäck niemals fehlen dürfen:
Ein Buch, eine Flasche Wein von Zuhause, denn ein kleines Geschenk öffnet so manche Türe und eine Uhr, die ich im Gegensatz zum Alltag im Urlaub ständig trage.

Mein Urlaubs-Buchtipp:
Zwei Reiseromane: 1. Dante Alighieri „Die Göttliche Komödie“ (Dantes Reise durch Hölle und Paradies), 2. Dan Brown „The Da Vinci Code“ (Richard Langdons Reise durch halb Europa auf der Suche nach dem Heiligen Gral)

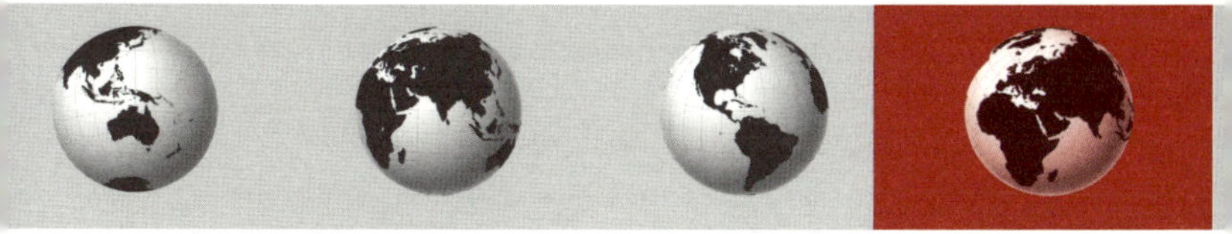

Mein juristischer Reisetipp:
Im Urlaub die Juristerei vergessen.

SPITZ AN DER DONAU

Besonders fasziniert mich dort:
Wenn ich das mit einem Satz ausdrücken muss, die Kombination von architektonischen und kulturellen Höhepunkten (Göttweig, Melk, ...) mit landschaftlicher Schönheit (Donautal, Steinterrassen, ...) und kulinarischen Köstlichkeiten (Wein, Marillen, ...).

Am besten kommt man dort hin:
Mit dem Zug (über Krems), Schiff, Fahrrad oder Auto

Die beste Reisezeit dafür ist:
Von Mai bis Oktober, wobei manche sagen, dass erst der Winter dem Besucher die ganze Schönheit der Wachau eröffnet.

Meistens wohne ich:
Bei meinen Eltern, immer eigentlich.

Mein Geheimtipp
Meine Mutter vermietet zwei Ferienwohnungen im historischen Aggsteinerhof, Marktstraße 11, 3620 Spitz, Tel. 02713/2141, die ich jedem Individualreisenden empfehlen kann. Dort bekommt man dann auch alle notwendigen Informationen für einen gelungenen Wachau-Aufenthalt!

DR. THOMAS HOEREN

Universitätsprofessor – Universität Münster (Deutschland) und Lehrbeauftragter im Lehrgang Informationsrecht der Universität Wien

Reisen bedeutet für mich:
Peregrinatio

Mein idealer Reisegefährte:
Ein Koffer voller Bücher, ein Laptop mit WLAN-Karte, eine Flasche guten Rotweins (siehe Wenn´s Recht viniert), ein Fahrrad

Der ideale Urlaubstag:
Wenn kurzfristig Termine entfallen und man unverhofft frei hat – ein Geschenk Gottes.

Ein wunderbares Urlaubserlebnis:
Die Suche nach dem Dinosauriermuseum bei einem Ausflug auf Mallorca (einer der unterschätztesten Inseln der Welt) – auf einer alten Karte finden wir einen Hinweis: Museo de las Animales Deformidas. Wir fahren dorthin und finden – keinen Jurassic Park, sondern eine urige Kneipe mit Vitrinen voll mit erbkranken Tieren (wie im Wiener Narrenturm).

Meine absolute Traumreise würde mich führen:
Nach Island – ich besitze mehr als 30 Reiseführer über Island (zu schweigen von Halldor Laxness und Björk), ohne jemals dort gewesen zu sein.

Drei Dinge, die in meinem Reisegepäck niemals fehlen dürfen:
„Ulysses“ von Joyce, ein Korkenzieher und Schwarzbrot (vor allem für Japan)

Mein Urlaubs-Buchtipp:
Englische Reiseliteratur des 18. und 19. Jahrhunderts

Mein juristischer Reisetipp:
Juristen reisen, sie klagen nicht – überlassen Sie das den Lehrern!

KRUMMHÖRN IN OSTFRIESLAND

Besonders fasziniert mich dort:
Die abgelegene uralte Kulturlandschaft mit alten Kirchen und Orgeln, plattem Land, Wind & Meer, Ruhe & Muße

Am besten kommt man dort hin:
Mit dem Auto über die A 31, vorbei an Münster und Burgsteinfurt (zwei schönen Orten im Münsterland)

Die beste Reisezeit dafür ist:
Der Herbst und Winter (das ist erstaunlich, aber wahr), wenn der Wind einem um die Ohren fegt und man sich nach einem langen Wattspaziergang auf den Tee am Kamin freuen kann.

Meistens wohne ich:
In Canum, einem kleinen Warfendorf in der Krummhörn mit 100 Einwohnern – in meinem eigenen alten Warfenhaus, erbaut um 1769.

Mein Geheimtipp

Auch wenns für Österreicher weit scheint, die Krummhörn – Geheimtipp: Günstig wohnen auf der Osterburg bei Kempes:

DR. HERBERT HOPF

Hofrat des Obersten Gerichtshofes

Reisen bedeutet für mich:
Erwünschte Ortsveränderung, um dort viel Neues – vor allem Land und Leute – kennen zu lernen.

Mein idealer Reisegefährte:
Der jeweils passende Reiseführer

Der ideale Urlaubstag:
Sollte nicht auf einen Samstag oder Sonntag fallen und wenn möglich mehr als 24 Stunden haben.

Ein wunderbares Urlaubserlebnis:
Ein morgendlicher Cappuccino Grande samt Croissant in einem italienischen Café nach einer gewittrigen Nacht. Die Stadt erwacht, die Sonne kündigt einen neuen tollen Tag an. Die überwiegend einheimischen Gäste sind entweder in ihren „Corriere" vertieft oder diskutieren mit den anderen lautstark die neuesten politischen Schwänke in Rom.

Meine absolute Traumreise würde mich führen:
Nach Shanghai

Drei Dinge, die in meinem Reisegepäck niemals fehlen dürfen:
Reisepass (Immer noch, wenn auch manchmal nur zum Einchecken im Hotel!), Kreditkarte(n) und Reiseführer

Mein Urlaubs-Buchtipp:
Ein Krimi von Ian Rankin

Mein juristischer Reisetipp:
Wenn man im Urlaub juristische Tipps braucht, ist leider irgendetwas schiefgelaufen. Ich empfehle dann unter anderem die Lektüre der §§ 31b ff KSchG und der dazu ergangenen Rechtsprechung. Vor dem Urlaub ist dringend darauf zu achten, dass tatsächlich alles im Buchungsformular steht, was einem wichtig ist.

DUBLIN

in Irisch-Gälisch Baile Atha Cliath, Irland

Besonders fasziniert mich dort:
Christ Church Cathedral, Trinity College, Half Penny Bridge, St Stephen's Green, Temple Bar und natürlich die vielen Pubs. (Muss man Prioritäten setzen, dann sollte man diese Liste von rechts nach links in Angriff nehmen!) Kommt man das zweite Mal nach Dublin, empfiehlt sich folgende Tour: Südlich des Flusses Liffey, der Dublin bekanntlich teilt, bekommt man in Julia's Pub nahe dem Tattoine Quay das beste Guinness Stout in der Stadt. Danach geht es in westlicher Richtung weiter zum Double Sunset. Man überquert den Liffey nach Norden bei der Mos Eisley Street und gelangt bald zur Cantina Bar. U2 oder Sinead O'Connor wird man dort eher nicht antreffen, wohl aber am Wochenende häufig die hauseigene Cantina Band.

Am besten kommt man dort hin:
Mit dem Flugzeug

Die beste Reisezeit dafür ist:
Mai bis September. Im Prinzip aber das ganze Jahr, wobei es aber vermutlich bessere Wintersportorte gibt.

Meistens wohne ich:
Jurys Christchurch Inn, Christchurch Place, Dublin 8, gegenüber der Christ Church Cathedral. Nettes Mittelklassehotel (www.jurys-dublin-hotels.com)

Mein Geheimtipp
Gran Hotel Bahia Del Duque, 38660 Costa Adeje, Tenerife, Islas Canarias – fünf Sterne und jeder einzelne ist berechtigt! (www.bahia-duque.com).

MAG. KLAUS HÜBNER

Wirtschaftstreuhänder

Reisen bedeutet für mich:
Loslösen vom Alltag und Lernen ohne stündliche Telefonate mit Kanzlei oder Kammer zu leben.

Mein idealer Reisegefährte:
Meine Frau

Der ideale Urlaubstag:
Der 29. Februar – den Umsatz für diesen Tag planen wir nicht.

Ein wunderbares Urlaubserlebnis:
Als meine jetzige Frau bei unserem ersten gemeinsamen Urlaub an der Algarve meinen zweiten Heiratsantrag annahm, nachdem sie den ersten noch abwies.

Meine absolute Traumreise würde mich führen:
Mit einem Kreuzfahrtschiff drei Monate lang rund um die Welt

Drei Dinge, die in meinem Reisegepäck niemals fehlen dürfen:
Laufschuhe, laufende Umsatzzahlen von Hübner & Hübner, die Zeitung persaldo der ÖGWT

Mein Urlaubs-Buchtipp:
„The firm of the future“ von Paul Dum und Ron Baker und „Wirtschaftsmediation“ von Jörg Risse (Beck-Verlag)

Mein juristischer Reisetipp:
Die Visumsituation im Zielland zu klären – meine frühere US-Frau durfte mit mir in Rio nicht einreisen, sondern wir mussten nach der Ankunft nach Montevideo fliegen, um dort einen insgesamt sehr teuren Visumstempel für Rio zu besorgen.

LEOGANG/SALZBURG

Besonders fasziniert mich dort:
Die Berge rundherum, Ruhe, viele Sportmöglichkeiten, der Krallerhof

Am besten kommt man dort hin:
Mit dem Auto

Die beste Reisezeit dafür ist:
Ganzjährig

Meistens wohne ich:
Krallerhof Altenberger GesmbH & CoKG
Rain 6
5771 Leogang
Tel: 06583/82460

DR. THOMAS JUEN

Rechtsanwalt, Kanzlei Schar & Partner

Reisen bedeutet für mich:
Möglichst stressfrei von A nach B und nach einer phantastischen Zeit in B, erholt retour nach A.

Mein idealer Reisegefährte:
Meine Gattin, die trotz Vogelspinnen und Straßenräubern in der Dominikanischen Republik, Haien beim Schnorcheln auf den Malediven, einer Flugzeug-Notlandung auf San Juan, sowie einer nächtlichen Irrfahrt durch die Straßen Miamis, immer einen kühlen Kopf behielt; mit Ausnahme jenes Tages, an dem sie das Personal eines griechischen Autovermieters vergatterte, nachdem man für unseren Filius einen Kindersitz aus dem Mittelalter zur Verfügung stellte.

Der ideale Urlaubstag:
Ein Tag am Meer mit meiner Familie und ohne Sonnenbrand. Danach ein gemütliches Abendessen unter freiem Himmel und ein „Gute-Nacht"-Drink mit meiner Gattin, während unser Nachwuchs sich in der „Kinder-Disco" in den Schlaf turnt. Alles Weitere ergibt sich.

Ein wunderbares Urlaubserlebnis:
Die bunte Unterwasserwelt des Indischen Ozeans beim Schnorcheln auf den Malediven. Für ein Tiroler „Landei" wie mich ein unvergessliches Erlebnis.

Meine absolute Traumreise würde mich führen:
Mit der Familie zu unseren Verwandten nach Australien

Drei Dinge, die in meinem Reisegepäck niemals fehlen dürfen:
Süßes für Frau und Kind; Sonnencreme; „Schutzengel"

Mein Urlaubs-Buchtipp:
„Medicus" (Noah Gorden), „Per Anhalter durch die Galaxis" (Douglas Adams)

Mein juristischer Reisetipp:
„Recht haben" heißt nicht „Recht bekommen", besonders nicht auf der italienischen Autobahn und in der Dominikanischen Wildnis.

MANERBA DEL GARDA & SALO (AM GARDASEE)

Besonders fasziniert mich dort:
Das harmonische Zusammenspiel von Urlaubsidylle und italienischer Betriebsamkeit (z.B. am Wochenmarkt in Manerba), das für Radtouren bestens geeignete Hinterland, André Hellers botanischer Garten, die Uferpromenade von Salo beim abendlichen Bummeln, der Ausblick von der Rocca (bei Manerba), der Duft der italienischen Küche, die durch den See jedes Mal aufs Neue geweckten Erinnerungen an meine Kindheit.

Am besten kommt man dort hin:
Mit dem Auto auf der A22 in Richtung Mailand. Dann (1.) entweder Ausfahrt Lago di Garda Nord und über die (sehr) kurvenreiche Gardesana westlich entlang des Gardasees Richtung Salo (Grundvoraussetzung: guter Magen), oder (2.) Ausfahrt Affi (Lago di Garda Sud) weiter über die SR450, SS11 und SS572 in westliche Richtung bis zum Ziel. Am schnellsten geht es über (3.) den Autobahnknoten A22/A4, von dort auf der A4 in Richtung Westen bis zur Ausfahrt Desenzano und von hier aus weiter auf der SS572 nach Manerba/Salo (Nachteil: Seeblick erst ab Desenzano).

Die beste Reisezeit dafür ist:
Auf keinen Fall zu Ferragosto

Meistens wohne ich:
Golfo Di Pieve, Adr.: Manerba, Pieve Vecchia, Via Verde (eine kinderfreundliche Ferienanlage direkt am Strand, in welcher ich seit meiner eigenen Kindheit immer wieder gerne ein paar erholsame Urlaubstage verbringe).

Mein Geheimtipp
Zu den besten Lokalen im Landesinneren, werden wir i.d.R. von unseren Verwandten und Bekannten hingelotst. Dies unter der strikten Auflage, hinsichtlich dieser kulinarischen Perlen absolutes Stillschweigen zu bewahren. – Scusi!

DR. SUSANNE KALSS

Universitätsprofessorin

MMAG. DR. MARTIN OPPITZ

Rechtsanwalt

Reisen bedeutet für mich:
Immer auch eine Selbsterfahrung

Mein idealer Reisegefährte:
Wir reisen gemeinsam; zudem wäre – schon davor – ein Privatsekretär mit hohem Organisationstalent ideal.

Der ideale Urlaubstag:
Schönes Wetter – Vormittag schauen – Nachmittag in zweifachem Sinn verdauen.

Ein wunderbares Urlaubserlebnis:
Die spirituelle Kraft der Mittagslaudes der Fratres in der Kathedrale von Vezélay in Burgund am Jakobsweg

Meine absolute Traumreise würde mich führen:
Ins Schlaraffenland, wir sind uns zwar sicher; aber nicht ganz einig, wie es ausschaut.

Drei Dinge, die in meinem Reisegepäck niemals fehlen dürfen:
Zum Reiseführer kontrastierende Lektüre; Winzigfotoapparat

Mein Urlaubs-Buchtipp:
Kleine Portionen kommen dem knappen Zeitbudget entgegen, z.B. aus „Grimms Märchen“, „Decamerone“; immer wieder ein Stückl aus dem „Mann ohne Eigenschaften“ geht auch.

Mein juristischer Reisetipp:
Nur nicht zu schnell unterschreiben … noch weniger schwer lesbaren Suaheli-Text.

FRIAUL

Besonders fasziniert mich dort:
Kombination von Friaul, Slowenien und Italien und ein wenig Österreich

Am besten kommt man dort hin:
Mit dem Auto über den Predilpass in das Socatal, ehe man entweder in Görz oder schon davor über Smartno „von hinten“ nach Friaul hineinfährt.

Die beste Reisezeit dafür ist:
Ende Mai/Anfang Juni – alle sind noch in Erwartung des Sommers.

Meistens wohne ich:
La Subida, I 34071 Cormons; Tel. 003948160531

Mein Geheimtipp
Nicht nur fahren und dabei wenig auf einmal anschauen; nicht nur die Kinder danken es.

DR. GEORG KARASEK

Rechtsanwalt

Reisen bedeutet für mich:
Stress

Mein idealer Reisegefährte:
Eine CD mit Pavarotti

Der ideale Urlaubstag:
Muss erst erfunden werden.

Ein wunderbares Urlaubserlebnis:
„Wien, Wien, nur Du allein“ von einem Barpianisten in tiefstem Hinterland Apuliens gespielt.

Meine absolute Traumreise würde mich führen:
In das Donaustrandbad nach Kritzendorf

Drei Dinge, die in meinem Reisegepäck niemals fehlen dürfen:
Ein Flachmann, ein Messer mit Aufbrechklinge und ein Rückflugticket

Mein Urlaubs-Buchtipp:
Der Österreichische Jagdalmanach

Mein juristischer Reisetipp:
Keine Reise zu buchen, um juristische Probleme zu vermeiden.

MEINE WOHNUNG

Besonders fasziniert mich dort:
Die Erinnerung an die letzte Reise

Am besten kommt man dort hin:
Mit der U-Bahn

Die beste Reisezeit dafür ist:
Ganzjährig

Meistens wohne ich:
Dort

Mein Geheimtipp

Fernreisen: Sie sind besonders stressig.

DR. ANDREAS KLETEČKA

ao. Universitätsprofessor, Institut für Zivilrecht, Universität Wien

Reisen bedeutet für mich:
Grenzen zu überschreiten: äußere (versteht sich ohnehin von selbst), aber vor allem innere.

Mein idealer Reisegefährte:
Meine Frau und unsere Kinder. Die unbändige Freude in den Gesichtern von Linda und Anna beim Baden und Sandburgbauen ist das reinste Glücksgefühl.

Der ideale Urlaubstag:
Nicht zu spät aufstehen, um die Morgenstimmung genießen zu können. Mit der Familie ausgiebig frühstücken und ab zum Strand. In der Mittagshitze in einem kühlen Raum Siesta halten (Zeitung lesen, Dösen). Am späten Nachmittag mit den Kindern den Fischern im Hafen beim Angeln und Netzeflicken zusehen.

Ein wunderbares Urlaubserlebnis:
Bei einem Segeltörn in der Türkei haben wir – nebenbei bemerkt nicht ganz legal – in dem kleinen Naturhafen Pedi der griechischen Insel Symi angelegt. Als wir die auf den Berg hinaufführende Straße erklommen hatten, breitete sich unter uns die fjordähnliche Einbuchtung aus, in welcher der Hauptort Symi-Stadt liegt. Dessen neoklassische Häuser in allen Farben war so ganz anders als das gängige durch weiß und blau geprägte Bild Griechenlands.

Meine absolute Traumreise würde mich führen:
Der Konjunktiv ist nicht angebracht. Es wäre ja auch zu traurig, wenn man sich andere Reisen erträumte als die, die man unternimmt. Damit würde mich und tut es auch tatsächlich meine Traumreise gerade zu jenen Orten führen, die ich so sehr liebe: Symi, Porto San Stefano, Kopenhagen, Untertautendorferamt.

Drei Dinge, die in meinem Reisegepäck niemals fehlen dürfen:
Pass, Geld, Reiseführer; unoriginell, aber alles andere halte ich beim Reisen für verzichtbar. Maria und Linda sehen das anders.

Mein Urlaubs-Buchtipp:
Ist ein negativer: Kein juristisches Buch.

Mein juristischer Reisetipp:
Für enttäuschte Pauschalreisende: „Frankfurter Tabelle“, als Richtschnur für die Preisminderung bei Reisemängeln. (www.agiburg.de)

SYMI (GRIECHENLAND)

Besonders fasziniert mich dort:
Symi ist eine wunderschöne kleine Insel in der Nähe von Rhodos, die optisch das schönste ist, was ich in Griechenland je gesehen habe. Der Pauschalreisetourismus tritt dort nur in Form von Tagesausflüglern aus Rhodos in Erscheinung, weshalb der erfahrene Symi-Reisende zwischen 11 und 14 Uhr den Hafenbereich meidet. Die sehr gut funktionierende Ortsgemeinschaft hat alles fest im Griff. Ihr gehört das Hotel Nireus (benannt nach dem in der Ilias erwähnten König von Symi – der Schönste der Griechen nach Achilles; die nächste Zeile, in der er als Feigling beschrieben wird, wird weniger gern zitiert), die Fähren usw. Sehr zu empfehlen sind die „Walks“ mit Hugo – ein vor unvordenklichen Zeiten zugezogener Brite. (www.symivisitor.com)

Am besten kommt man dort hin:
Flug nach Rhodos und dann mit einer der beiden Fähren (Symi I + II)

Die beste Reisezeit dafür ist:
Anfang Juni

Meistens wohne ich:
Hotel Nireus oder Hotel Aliki

Mein Geheimtipp
Die kleine Taverne „Meraklis“ in der zweiten Hafenzeile. Dort gibt es die besten Symi-Shrimps, die man mit der Schale isst und die fast wie Nüsse schmecken. Anschließend über die Straße zu Michalis in die „Melthemi-Bar“. Auch sehr zu empfehlen das Restaurant „Syllogos“ (in der Speisekarte findet sich eine von mir übersetzte Geschichte des Hauses!) und die „Lazy-Steps-Bar“ mit Blick auf den Hafen.

DR. THOMAS KLICKA

Universitätsprofessor für Bürgerliches Recht, Zivilprozessrecht und Rechtsvergleichung

Reisen bedeutet für mich:
Eine herrliche Form der Abwechslung

Mein idealer Reisegefährte:
Hat die gleichen Wünsche wie ich

Der ideale Urlaubstag:
Besteht aus Entspannung …

Ein wunderbares Urlaubserlebnis:
Ein Tag in einer sonnigen Bucht auf einem Boot …

Meine absolute Traumreise würde mich führen:
Rund um die Welt, möglichst überall hin

Drei Dinge, die in meinem Reisegepäck niemals fehlen dürfen:
Ein Restaurantführer, eine Sonnenbrille und ein paar Plastikkarten

Mein Urlaubs-Buchtipp:
Donna Leon

Mein juristischer Reisetipp:
Ein Besuch im New Yorker Court District mit Besuch einer Strafverhandlung

ÄGYPTEN

Besonders fasziniert mich dort:
Die Unterwasserwelt

Am besten kommt man dort hin:
Mit dem Flieger

Die beste Reisezeit dafür ist:
Mai/Juni und September/Oktober

Meistens wohne ich:
Ganz verschieden

Mein Geheimtipp

Im Moment keiner parat

DR. ALEXANDER KNECHTSBERGER, M.E.S.

Unternehmer

Reisen bedeutet für mich:
Kennenlernen neuer Kulturen, Horizonterweiterung und Business (DocLX Travel GmbH)

Mein idealer Reisegefährte:
Privat: Meine Frau und mein Sohn Jakob
Beruflich: 6.000 Maturanten

Der ideale Urlaubstag:
Ein ausgiebiges Frühstücksbuffet (Legian Hotel/Bali), 50 Längen im Pool schwimmen (private Finca auf Ibiza), zwei Stunden lesen (Jakobsweg), Beachvolleyball (Magic Life Club Mahdia während DocLX X-Jam einer Eventreise mit 6.000 Teilnehmern), Tauchgang plus Begegnung mit einem Napoleon Fisch (Banyan Tree Resort/Malediven), Cocktail an der Bar (Havanna), Heißluftballonfahrt in den Sonnenuntergang (Bagan/Burma), Dinner for Two auf einer einsamen Sanddüne mitten im Meer (Malediven), DocLX Fest (Tunesien, Österreich, Türkei, Griechenland ...)

Ein wunderbares Urlaubserlebnis:
Auf einer 8-Wochen Tour durch Südostasien erklomm ich gemeinsam mit meiner Frau um 03.00 Uhr in der Früh die einer Mondlandschaft gleichende Vulkanebene des Bromos/Java. Bei Sonnenaufgang erstrahlte alles in einem roten Licht und die einzelnen Vulkane spuckten Lava, Rauch und Feuer begleitet von einem donnernden Geräusch. Dieses unwirkliche Schauspiel beeindruckte mich zutiefst.

Meine absolute Traumreise würde mich führen:
Angkor Wat Tempelanlagen in Kambodscha

Drei Dinge, die in meinem Reisegepäck niemals fehlen dürfen:
Bücher, Handy, Foto von meiner Familie

Mein Urlaubs-Buchtipp:
Alle Bücher von John Irving

Mein juristischer Reisetipp:
Reiseversicherung abschließen

SÜDOSTASIEN

Besonders fasziniert mich dort:
Kultur, Menschen, Küche, Landschaft, Sitten und Gebräuche

Am besten kommt man dort hin:
Singapore Airline

Die beste Reisezeit dafür ist:
Herbst, Frühjahr

Meistens wohne ich:
Design Hotels

Mein Geheimtipp

Legian Hotel (Bali)

DR. ALEXANDRA KNELL

Rechtsanwältin und Wirtschaftsmediatorin

Reisen bedeutet für mich:
Entspannung, Abschalten, neue Eindrücke, kulturelle und landschaftliche Erlebnisse, Zeit mit Freunden verbringen

Mein idealer Reisegefährte:
Meine beste Freundin

Der ideale Urlaubstag:
Zunächst ausschlafen und gemütlich frühstücken, dann einen Ausflug machen (je nach Urlaubsziel eine kulturelle Besichtigung oder eine schöne Wanderung), danach Entspannung (am besten am und im Meer) und ein gutes Abendessen

Ein wunderbares Urlaubserlebnis:
Tauchen in Thailand, in einer beeindruckend farbenprächtigen und abwechslungsreichen Unterwasserwelt

Meine absolute Traumreise würde mich führen:
Durch Teile Asiens in einer zumindest 6-monatigen Reise, besonders nach Indien, Vietnam, Myanmar, Indonesien, Laos, Kambodscha und Thailand

Drei Dinge, die in meinem Reisegepäck niemals fehlen dürfen:
Fotoapparat, Buch, Sonnencreme

Mein Urlaubs-Buchtipp:
Der Reiseführer des jeweiligen Landes aus der Reihe von Stefan Loose, weil man dort zu jedem Thema interessante Informationen findet.

Mein juristischer Reisetipp:
Diverse Versicherungen (Kranken- und Rückholversicherung, Stornoversicherung etc.) und VISA

ASIEN

Aber auch in Europa gibt es tolle Reiseziele (zuletzt war ich z.B. von Wanderungen auf Mallorca sehr begeistert), nicht zu vergessen Österreich (hier hat es mir besonders die Tiroler Bergwelt zum Schifahren angetan).

Besonders fasziniert mich dort:
Die „andere" Kultur, wunderschöne Landschaft (Regenwälder, Berge, Strände), kulinarische Erlebnisse und die Freundlichkeit der Menschen

Am besten kommt man dort hin:
Mit dem Flugzeug nach Bangkok und von dort zu allen möglichen Destinationen

Die beste Reisezeit dafür ist:
Der lange, graue und kalte österreichische Winter, insbesondere Februar

Meistens wohne ich:
In Unterkünften verschiedenster Art, angefangen von einfachen Guesthouses bis zu gediegenen Hotels

Mein Geheimtipp
Koh Tao, eine kleine Insel an der Ostküste Thailands, die nur per Boot zu erreichen ist. Die Insel bietet nicht nur schöne Strände, dichte Vegetation, nette Menschen, gutes Essen und schöne Unterkünfte jeder Preiskategorie, sondern eine traumhafte Unterwasserwelt. Hier kann man sich mit Schnorchel genauso wie mit „professioneller" Tauchausrüstung tagelang erfreuen!

DR. HARALD KRAMMER

Präsident des Oberlandesgerichtes Wien

Reisen bedeutet für mich:
Frei sein von den Zwängen des Berufslebens! Jeden Tag selbst gestalten können, fremde Länder und Kulturen, aber auch die Berge und die Natur erleben, Zeit für interessante Gespräche haben.

Mein idealer Reisegefährte:
Meine Frau, die mein Vergnügen an individueller Urlaubsgestaltung teilt.

Der ideale Urlaubstag:
Fast jeder, außer jenen wenigen, an denen alles schief läuft, ohne dass sich eine interessante Alternative ergibt.

Ein wunderbares Urlaubserlebnis:
Eine Wohnmobilreise mit meiner Frau und meinen Kindern zu den Gletschern von Jotunheimen in Norwegen, wo wir neben anderen Abenteuern und Naturerlebnissen mit unserem Paddelboot über Schneefelder direkt in einen Gletschersee hinuntergerutscht und dann zwischen großen Eisschollen herumgepaddelt sind.

Meine absolute Traumreise würde mich führen:
Nach Ägypten und Israel

Drei Dinge, die in meinem Reisegepäck niemals fehlen dürfen:
Reiseführer, Fotoapparat und Kreditkarte

Mein Urlaubs-Buchtipp:
Für eine Reise durch Bosnien: Ivo Andric „Die Brücke über die Drina und Wesire und Konsuln“

Mein juristischer Reisetipp:
Kaskoversicherung für das Auto

ITALIEN

Gerne reise ich nach:
Italien, wobei ich gerne in den verschiedenen Regionen herumfahre, an einzelnen Orten einen oder mehrere Tage bleibe, Sehenswürdigkeiten besichtige und dann für etwa eine Woche das Meer oder in Oberitalien einen der wunderschönen Seen genieße.

Besonders fasziniert mich dort:
Die Vielfalt und Schönheit der Baudenkmäler, die geschichtlichen Zusammenhänge, die großartigen landschaftlichen Eindrücke, die Leichtigkeit bei der Gestaltung des Tagesablaufs und die vielen Möglichkeiten der Improvisation.

Am besten kommt man dort hin:
Mit dem eigenen Auto. Nur so wird die von mir bevorzugte Reise- und Gestaltungsfreiheit Wirklichkeit.

Die beste Reisezeit dafür ist:
Frühsommer bis Spätsommer

Meistens wohne ich:
Da wir bei unseren Italienreisen herumvagabundieren, möchte ich keine Quartierempfehlung geben. Wir haben aber immer ein gut passendes Nachtquartier gefunden, und zwar auch in der Hauptreisezeit. Ein besonderer Vorteil ist, dass man zumeist unter mehreren Möglichkeiten wählen kann!

Mein Geheimtipp

Friaul und Julisch-Venetien

DR. HEINZ KREJCI

Universitätsprofessor

Reisen bedeutet für mich:
Meiner Frau Freude bereiten. Neue Eindrücke gewinnen. Höhere Anstrengung als sonst. Gelegenheit zu fotografieren.

Mein idealer Reisegefährte:
Meine Frau. Eine kleine Gruppe guter Freunde.

Der ideale Urlaubstag:
Strahlendes Wetter und kein „Programm".

Ein wunderbares Urlaubserlebnis:
Bummeln in einer fremden Altstadt oder unanstrengendes Wandern im Gebirge.

Meine absolute Traumreise würde mich führen:
Im Traum reise ich nie. Es gibt zahlreiche Länder, in die ich weder im Traum, noch in Wirklichkeit reisen möchte. In alle anderen reise ich gerne, sofern man es von mir wünscht.

Drei Dinge, die in meinem Reisegepäck niemals fehlen dürfen:
Pass, Geld und Rückfahrkarte

Mein Urlaubs-Buchtipp:
Die Druckfahnen meines gerade in Produktion befindlichen Buches

Mein juristischer Reisetipp:
Versichern Sie sich ausreichend und machen Sie vorher Ihr Testament.

BAD GOISERN SALZKAMMERGUT

Besonders fasziniert mich dort:
Dass diese wunderschöne Landschaft von Fremden nicht allzu überlaufen ist.

Am besten kommt man dort hin:
Mit dem Auto oder mit der Bahn

Die beste Reisezeit dafür ist:
Sommer und Frühherbst

Meistens wohne ich:
In der eigenen Bleibe

Mein Geheimtipp

Ich verrate nicht einmal, ob ich einen habe.

KENT D. LERCH

Forschungskoordinator an der Berlin-Brandenburgischen Akademie der Wissenschaften

Reisen bedeutet für mich:
Den Kopf wieder frei bekommen für die schönen Dinge des Lebens.

Mein idealer Reisegefährte:
Jemand, der neugierig ist und gern auch mal vom Wege abkommt, um sich an kleinen Entdeckungen wie einem Lokal mit unverfälschter regionaler Küche oder einer versteckt gelegenen romanischen Dorfkirche zu erfreuen.

Der ideale Urlaubstag:
Einfach loswandern, hinter jedem Hügel eine schöne Aussicht genießen und genau dann an einem guten Gasthaus anlangen, wenn man gerade hungrig oder durstig ist. Dort auf einer schönen Terrasse im Schatten alter Bäume einen kühlen Wein genießen.

Ein wunderbares Urlaubserlebnis:
Nach einer Tagestour mit dem Rad an der irischen Westküste bei waagrecht fallendem Landregen abends im Quartier ankommen und dort am würzig duftenden offenen Torffeuer mit einem Whiskey sitzen, der nach Seeluft schmeckt.

Meine absolute Traumreise würde mich führen:
Ins Auenland

Drei Dinge, die in meinem Reisegepäck niemals fehlen dürfen:
Bücher, Bücher, Bücher

Mein Urlaubs-Buchtipp:
"Jonathan Strange & Mr. Norrell" von Susanna Clarke

Mein juristischer Reisetipp:
Die Jurisprudenz zuhause zurücklassen ...

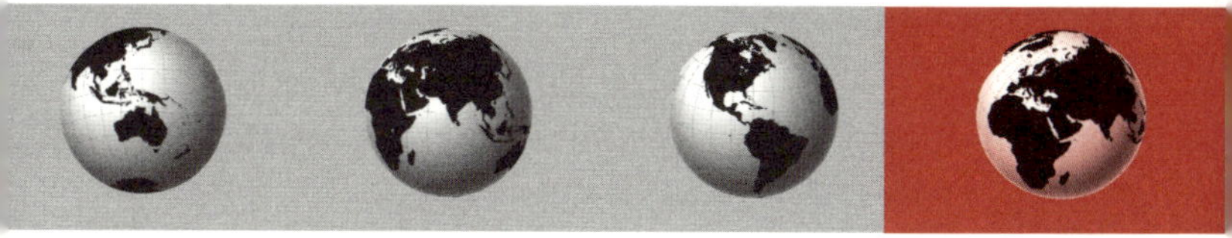

CAMBRIDGE

Besonders fasziniert mich dort:
Mit dem Stechkahn auf der Cam zu fahren, durch die Gärten der Backs zu wandern, in einem der vielen Antiquariate und Buchläden zu stöbern, den Evensong in King´s College Chapel anzuhören und abends im College am Kamin sitzend einen Port zu trinken.

Am besten kommt man dort hin:
Mit dem Flugzeug. Flyniki fliegt Stanstead Airport an, der gerade einmal 50 km von Cambridge entfernt ist. Mit der Bahn ist es dann nur noch eine halbe Stunde von Stanstead nach Cambridge.

Die beste Reisezeit dafür ist:
September. Die Touristen sind schon wieder weg, die Erstsemester noch nicht da, und die entlang der Cam gelegenen Gärten der Colleges zeigen sich von ihrer schönsten Seite …

Meistens wohne ich:
Im einem der Colleges: Churchill, Corpus Christi, Pembroke und Trinity Hall bieten in den Semesterferien Guest Rooms an. Einige davon sind eher schlicht, doch stilgerechter lässt es sich nicht wohnen. Sehr schön gelegen ist auch das Cambridge Garden House Hotel, Granta Place, Mill Lane, Cambridge CB2 1 RT, 0044 1223 259988.

Mein Geheimtipp
Aunties Tea Shop, 1 St. Marys Passage, genau gegenüber von King´s College, Senate House und Great St. Mary´s Church. Hier ist die Zeit stehen geblieben: bei einem Traditional English Cream Tea (Earl Grey, Scones, Double Cream und Strawberry Jam) könnte man glauben, das Empire sei nie untergegangen. Very british!

DDR. PETER LEWISCH

Universitätsprofessor (Imadec University), Rechtsanwalt

Reisen bedeutet für mich:
Neues kennen lernen

Mein idealer Reisegefährte:
Nunmehr schon seit vielen Jahren meine Frau. Früher mein Bruder als hartgesottener Traveller. Und meine Kinder sind auch schon seit einiger Zeit mit viel Begeisterung dabei.

Der ideale Urlaubstag:
Beginnt zeitlich (bei meist schönem Licht, wenigen Leuten und oft angenehmen Temperaturen) und endet spät.

Ein wunderbares Urlaubserlebnis:
Schöne Reiserlebnisse gibt es viele, von Hongkong auf dem Landweg nach Wien, Syrien, Ägypten, Sumatra, Ostküste USA. Ein „wunderbares" Urlaubserlebnis aber war jordanische Gastfreundschaft in Aquaba: In der Früh Auto stoppen an die verschiedenen Strände – kein Problem. Zu Mittag taucht wie von Zauberhand ein Auto auf mit einem Jordanier, der mitsamt seinem vorbereiteten Essen von Touristen versetzt wurde und dieses nun gratis mit „Gästen" teilte. Als beim Zurückstoppen (erster Wagen hält) der Fahrer zufällig erfährt, dass wir am Folgetag nach Amann wollen, muss er auch dorthin. Usw...

Meine absolute Traumreise würde mich führen:
Als alter „Rucksack-Traveller" habe ich noch viel vor: Jemen, Tibet auf dem Landweg, Neu-Guinea und wohl als bestes den Amazonas.

Drei Dinge, die in meinem Reisegepäck niemals fehlen dürfen:
Pläne, Reiseführer, Bargeld. Reiseapotheke hat meine Frau, die Tierärztin ist und mich im Bedarfsfall medizinisch (und auch sonst allgemein) gut behandelt.

Mein Urlaubs-Buchtipp:
Buchtipp habe ich keinen, dafür aber einen anderen Lesetipp: Soweit sprachlich und zeitlich möglich, lokale Zeitungen: So erfährt man manche lokalen Gebräuche. Noch am Vortag meiner

Zeitungslektüre in Varanasi (Indien) sah ich am Ufer des Ganges, dass nicht alle Leichen verbrannt werden, sondern manche – nach strengen Regeln, aber recht unspektakulär – in den Fluss geworfen. Ein Leichen-Problem? Die Zeitung verriet mir die Lösung: Neu ausgelassene Wasserschildkröten!

Mein juristischer Reisetipp:
Gewährleistung gibt es (fast immer) keine!

NEW YORK

Besonders fasziniert mich dort:
Alles. Vom Geruch angefangen bis zu den Wolkenkratzern.

Am besten kommt man dort hin:
Mit dem Flugzeug – no na. Es gibt immer wieder Sonderangebote.

Die beste Reisezeit dafür ist:
New York hat immer Saison; am besten sind Frühjahr und Herbst; der Sommer, wenn es nicht zu heiß ist.

Meistens wohne ich:
Zentral, also nicht allzu weit vom Times Square entfernt. Wohnen in New York ist sehr teuer, Sonderangebote (immer noch teuer) gibt es im Internet aber doch.

Mein Geheimtipp
Broadway Musicals. Am ersten Abend (nach Hinflug) noch ins Musical und man hat die Zeitumstellung auch schon geschafft.

MMAG. DR. JOSEF LUSSER

Generaldirektion, ORF Österreichischer Rundfunk

Reisen bedeutet für mich:
Viele interessante Menschen treffen, täglich erfrischend Neues sehen und die Abwechslung vom Alltag genießen.

Mein idealer Reisegefährte:
Meine Frau Jennifer; sie plant die Reise und bucht alle Tickets. Nur dass ich selber packe lässt sie sich nicht nehmen.

Der ideale Urlaubstag:
Wirklich früh auf einer Terrasse mit Meeresblick und der Geräuschkulisse vom nahen Sandstrand frühstücken, am Vormittag in einem Freiluftantikmarkt stöbern, während der Mittagshitze Siesta halten und abends ein Open Air Dinner mit Wein unter Sternen genießen.

Ein wunderbares Urlaubserlebnis:
Die Erfahrung während eines Foursomes am Banff Springs Golf Course, dass es in den Kanadischen Rocky Mountains so aussieht und riecht wie in Osttirol. Nur dass die Fichten in noch größerer Höhe wachsen, die Wildbäche im Minimum Stromgröße haben und das 16. Hole angeblich ein Bär zu seinem Revier zählt.

Meine absolute Traumreise würde mich führen:
Für eine Woche ins Hana-Maui Hotel auf Hawaii. Auf dem kurvigen Hana-Highway vorbei an den Wasserfällen, den grünen Urwäldern der Insel in Richtung Grabmal von Charles Lindbergh. Ausspannen und das Happy Honeymooner Package genießen. www.hotelhanamaui.com

Drei Dinge, die in meinem Reisegepäck niemals fehlen dürfen:
Steckdosenadapter, Tribandtelefon mit eingebauter Lampe, iPod.

Mein Urlaubs-Buchtipp:
"Small World, An Academic Romance" von David Lodge. Die Abenteuer eines verliebten Neulings in der Welt der Jet-Set-Akademiker auf der Jagd um den Globus von Symposium zu Symposium. Äußerst vergnüglich.

Mein juristischer Reisetipp:
Krankenversicherung der Kreditkarte auf die Mitreisenden erweitern.

SAN FRANCISCO

Besonders fasziniert mich dort:
Wie die Stadt im Sommer täglich dem Fog, der einem Wettersturz im heimischen Hochgebirge ähnelt, entsteigt, die relaxte Art der Eingeborenen gleich welcher Herkunft, eine orange Harley Davidson im Straßenverkehr.

Am besten kommt man dort hin:
Direktflug über München, Frankfurt oder London oder für nicht so Eilige mit der Queen Mary nach New York und weiter mit dem Flugzeug.

Die beste Reisezeit dafür ist:
September, Oktober (Indian Summer). Der Spätsommer ist in der Regel prachtvoll.

Meistens wohne ich:
Privat am Mount Davidson.

Mein Geheimtipp
Shopping bei Loehmann's und Loehmann's Shoes in San Francisco, 211 Sutter St. Tel. (415) 399-9208, Mo–Sa bis 20.00h, So 11.00h – 18.00h. Die beste Adresse der Stadt für extrem reduzierte Schuhe und Kleider, auch am Sa und So. Besuch beim S.F. Symphony's Superb Resale Shop, 2436 Fillmore St, (415) 563 3123, Mo – Sa, 10.00 h – 17.30h. Seit 30 Jahren von Freiwilligen geführt, die Kleider, Schmuck und Kunst für wohltätige Zwecke verkaufen. Live Jazz im Pearls, 256 Columbus Ave, (415) 291-8255, Mo – Sa 19.00h – 02.00h. Ein Jazzclub wie er sein soll. www.jazzatpearls.com

DR. GUSTAV MAIER

Senatspräsident des Obersten Gerichtshofes i. R.
Incoming President of the Joint Supervisory Body of Eurojust

Reisen bedeutet für mich:
Kunst und Kultur – Küche und Keller (sog. 4 K-Reisen)

Mein idealer Reisegefährte:
Ehegattin

Der ideale Urlaubstag:
Schönes Wetter und viele Sehenswürdigkeiten

Ein wunderbares Urlaubserlebnis:
Ein Morgen in einem Dorf in der Provence (Aigues-Mortes); es war menschenleer. Lediglich hochinteressierte Katzen und Hunde absolvierten ihren Morgenspaziergang.

Meine absolute Traumreise würde mich führen:
Auf die alten Pfade in Frankreich, Spanien und Portugal

Drei Dinge, die in meinem Reisegepäck niemals fehlen dürfen:
Reisepass, Kreditkarte und roter Guide Michelin

Mein Urlaubs-Buchtipp:
Cees Nooteboom „Der Umweg nach Santiago"

Mein juristischer Reisetipp:
Abschluss einer Reiseversicherung

FRANKREICH

Gerne reise ich nach:
Frankreichs Provinzen, insbes. Bretagne, Normandie, Gascogne, Burgund, Bordeaux usw.

Besonders fasziniert mich dort:
Romanik und Gotik sowie Küche und Keller

Am besten kommt man dort hin:
Mit dem eigenen PKW

Die beste Reisezeit dafür ist:
Frühling und Herbst

Meistens wohne ich:
In Hotels beziehungsweise in Paradores

Mein Geheimtipp
Keiner, da wir üblicherweise jede Nacht in einem anderen Hotel sind (i. Ü. gibt es sehr schöne Schlosshotels, romantische Mühlen und dgl. in Frankreich und prächtige Paradores in Spanien wie etwa der „Hostal de los Reyes Catolicos" in Santiago de Compostela).

DR. WOLFGANG MAZAL

Universitätsprofessor

Reisen bedeutet für mich:
Erweiterung des Horizonts, Lebensgefühl, Erholung

Mein idealer Reisegefährte:
Meine Familie, Freunde

Der ideale Urlaubstag:
Sonne, Strand, Schlafen, Sightseeing

Ein wunderbares Urlaubserlebnis:
Wegfahren – Heimkommen

Meine absolute Traumreise würde mich führen:
In eine interessante Region

Drei Dinge, die in meinem Reisegepäck niemals fehlen dürfen:
Für den Kopf: Sonnenschutzfaktor 60
Für die Erinnerung: Digicam
Für alles andere: MasterCard

Mein Urlaubs-Buchtipp:
H.V. Morton „Wanderungen in Rom"

Mein juristischer Reisetipp:
Bei Reisen in Ländern außerhalb des Anwendungsbereichs der VO (EG) Nr. 883/2004 ausreichenden Privatversicherungsschutz für Krankheit organisieren.

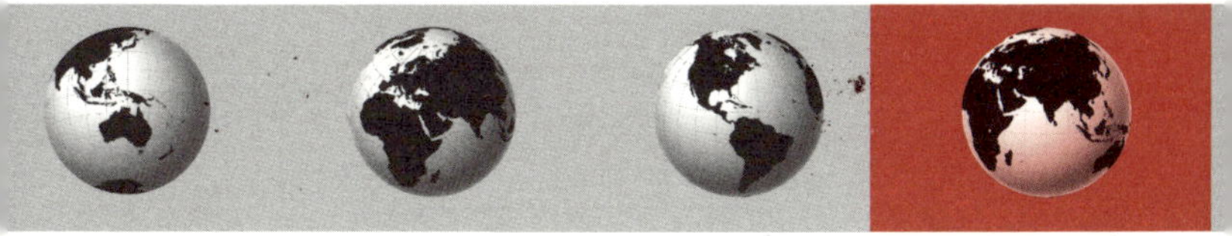

JAPAN

Besonders fasziniert mich dort:
Kyoto

Am besten kommt man dort hin:
OS 55, Haruka Express

Die beste Reisezeit dafür ist:
April, November

Meistens wohne ich:
Kyoto Hotel

Mein Geheimtipp

Katsura-Rikyu

MAG. HERBERT MISSRIEGLER

Angestellter

Reisen bedeutet für mich:
Neue Plätze und Menschen kennen lernen bzw. Altbekannte(s) wiedersehen; jedenfalls nicht Cluburlaub oder dgl.

Mein idealer Reisegefährte:
Ganz klar: Meine Frau

Der ideale Urlaubstag:
Ausschlafen, gut frühstücken und unterhalten, später in Ruhe einfach nur das Meer beobachten oder auch etwas lesen, den Sonnenuntergang beobachten und dann was Feines essen.

Ein wunderbares Urlaubserlebnis:
Delphine und fliegende Fische beobachten

Meine absolute Traumreise würde mich führen:
Zu einem netten abgeschiedenen Häuschen inmitten eines Olivenhains samt netter Bucht ...

Drei Dinge, die in meinem Reisegepäck niemals fehlen dürfen:
Bargeldloses Zahlungsmittel, Lesestoff und „Notfallkoffer"

Mein Urlaubs-Buchtipp:
Sicher nichts Juristisches, eher etwas von Wolf Haas z.B.

SAMOS

Besonders fasziniert mich dort:
Die Freundlichkeit der Leute und die Ruhe in dem kleinen Ort, wo wir wohnen; die üppige Natur, das glasklare Wasser und die Strände/Buchten, die wir mit niemandem teilen müssen.

Am besten kommt man dort hin:
Am besten gar nicht, sonst ist´s ja mit der Ruhe vielleicht vorbei!

Die beste Reisezeit dafür ist:
Je nach persönlichem Empfinden Mai bis Oktober

Meistens wohne ich:
Ich wohne immer im selben Quartier, wenn ich nach Samos komme, und zwar bei Nikos.

Mein Geheimtipp

Die Fischtaverne in Agios Nikolaos

DR. MATTHIAS NEUMAYR

Honorarprofessor, Hofrat des Obersten Gerichtshofes

Reisen bedeutet für mich:
In eine andere Welt eintauchen. Aber auch Pendeln zwischen dem Pinzgau, Linz und Wien.

Mein idealer Reisegefährte:
Das kommt ganz auf die Art der Reise an. Im Zug ist es etwa der Laptop.

Der ideale Urlaubstag:
Alles nur mit halbem Tempo machen. Irgendetwas Ungeplantes mit den Kindern tun.

Ein wunderbares Urlaubserlebnis:
Der Blick von einem steilen Berg hinunter auf's Wasser, etwa vom Croagh Patrick in Irland auf die Clew Bay, vom Traunstein auf den Traunsee oder vom montenegrinischen Küstengebirge auf die Adria bei Budva.

Meine absolute Traumreise würde mich führen:
Mit Pferd und Mountain-Bike durch Island; rund um den Kailash in Tibet; in die „Tiroler Kolonie" Treze Tilias (Dreizehnlinden) in Brasilien. Bei diesen Reisen würde mich meine Tochter Katharina begleiten.

Drei Dinge, die in meinem Reisegepäck niemals fehlen dürfen:
Elektronischer Übersetzer, Landkarte, Handy (meine Nabelschnur nach Hause)

Mein Urlaubs-Buchtipp:
Markus Werner „Am Hang", Karl-Markus Gauß „Die sterbenden Europäer", Jean Ziegler „Die neuen Herrscher der Welt", Alois Brandstetter „Meine besten Geschichten", Egyd Gstättner „Herzmanovskys kleiner Bruder", Robert Menasse „Das Land ohne Eigenschaften"

Mein juristischer Reisetipp:
Recht Recht sein lassen.

SALZBURG

Gerne reise ich nach:
In die Salzburger Tauerntäler („Das Wandern ist des Richters Lust …“). Neben dem Krimmler Achental gefällt mir vor allem das Seidlwinkltal (Rauriser Tal). Durch beide Täler führen alte Samerwege in den Süden (ins Ahrntal bzw. ins Mölltal).

Besonders fasziniert mich dort:
Dass es keinen Strom und keinen Handyempfang gibt.

Am besten kommt man dort hin:
Mit dem Auto nach Rauris/Wörth (Fleckweide), dann weiter mit dem Mountain-Bike oder zu Fuß zur Palfneralm, zum Rauriser Tauernhaus und zum Hochtor (Glocknerstraße)

Die beste Reisezeit dafür ist:
Frühsommer, da ist das Grün am saftigsten

Meistens wohne ich:
Zu Hause (Als Pendler freue ich mich darauf ganz besonders!)

Mein Geheimtipp
Wohnen & Essen auf dem Bergbauernhof von Berta und Matthias Unterberger in Bruck/Glocknerstraße. Es ist nicht nur ein kulinarischer Erlebnis. Man genießt absolute Ruhe und hat einen faszinierenden Blick über das Pinzgauer Salzachtal.
http://www.taxhof.at

DR. CHRISTIAN NOWOTNY

o. Universitätsprofessor

Reisen bedeutet für mich:
Vergnügen

Mein idealer Reisegefährte:
Mein Vater

Der ideale Urlaubstag:
Sonntag

Ein wunderbares Urlaubserlebnis:
Gipfelsieg

Meine absolute Traumreise würde mich führen:
Anden

Drei Dinge, die in meinem Reisegepäck niemals fehlen dürfen:
Bücher, Papier, Bleistift

Mein Urlaubs-Buchtipp:
Kastner/Doralt/Nowotny, GesR^{6}

Mein juristischer Reisetipp:
Stornoversicherung

SALZBURG

Besonders fasziniert mich dort:
Groß-Venediger

Am besten kommt man dort hin:
Auto

Die beste Reisezeit dafür ist:
August

Meistens wohne ich:
Hotel Habachklause

DR. PAUL OBERHAMMER

Ordinarius an der Rechtswissenschaftlichen Fakultät der Universität Zürich

Reisen bedeutet für mich:
In den vergangenen Jahren war „Reisen“ für mich vor allem die wöchentliche Fahrt vom Arbeitsort nach Hause und zurück: Wien-Hamburg, dann Greifswald-Hamburg, Halle-Hamburg, Halle-Berlin, schließlich Zürich-Berlin. Im Verein mit einigen zusätzlichen beruflichen Reisen also genug Bewegung, wodurch die Lust auf Reisen in der Freizeit eher gering war. Nun, nach einem Jahr an einem Ort, beginnt die Freude an privaten Reisen wieder zu steigen – ich denke dabei hauptsächlich an Müßiggang, Verlangsamung, impulsive Entscheidungen und inneren Frieden.

Mein idealer Reisegefährte:
Zum Glück meine Frau

Der ideale Urlaubstag:
Zur Vermeidung von Wiederholungen sei hier auf ecolex 1998, 454 verwiesen; die dortigen Ausführungen treffen weiterhin zu.

Ein wunderbares Urlaubserlebnis:
Der Gentleman genießt und schweigt.

Meine absolute Traumreise würde mich führen:
In meine Kindheit – im See schwimmen, dann ein Eis essen.

Drei Dinge, die in meinem Reisegepäck niemals fehlen dürfen:
Die meisten Dinge kann man vor Ort kaufen, braucht aber dazu erstens Geld; zweitens hasse ich es, neu gekaufte Hemden ungewaschen anzuziehen, daher ein frisches Hemd zum Wechseln. Langjährige Erfahrung legt drittens nahe, nicht auf den Pass zu ver-

zichten. Abgesehen von derlei Essenzialien gibt es bei mir nichts, was „niemals fehlen darf“.

Mein Urlaubs-Buchtipp:
Zur Entschleunigung „Der Stechlin“ von Theodor Fontane

Mein juristischer Reisetipp:
Im Urlaub bin ich Nichtjurist.

ST. LORENZEN IM LESACHTAL

Besonders fasziniert mich dort:
Berg und Tal

Am besten kommt man dort hin:
Flughafen Celovec, von dort Mietwagen

Die beste Reisezeit dafür ist:
Der Sommer

Meistens wohne ich:
Ferienwohnungen „Tuffbad“

Mein Geheimtipp
Beim Abstieg von Soleck und/oder Riebenkofel gelangt man zur Lakenalm. Die Hütte ist schon von weitem zu sehen und besonders schön gelegen. Dort ist u.a. Bier erhältlich. Es schmeckt nirgendwo besser.

DR. JOSEF OBERMAIER

Richter am Landesgericht Wels

Reisen bedeutet für mich:
Eine auch geistige Trennung vom Alltag und eine Erweiterung des Weltbilds, nicht mehr und nicht weniger. Reisen hat keine sonderliche Priorität, ich bleibe auch gern zuhause.

Mein idealer Reisegefährte:
Meine Frau. Erstens: Das stimmt wirklich. Zweitens: Etwas anderes würde ich nie schriftlich deponieren.

Der ideale Urlaubstag:
Früh aufstehen, am besten bei Sonnenaufgang. Ohne Kaffee geht gar nichts. Dann die Landschaft genießen, bevor die Hektik des Tages beginnt. Am frühen Nachmittag eine Siesta. Den Abend mit einem Essen und einer guten Flasche Wein ausklingen lassen.

Ein wunderbares Urlaubserlebnis:
Sehr früher Morgen in Kairo. Die aufgehende Sonne löst langsam die Pyramiden aus dem Nebel, zuerst die Spitzen, dann immer mehr, bis sie in ihrem noch weichen Licht den Horizont füllen.

Meine absolute Traumreise würde mich führen:
Mit dem Auto vom Norden Chiles durch die Atacama bis nach Santiago. Die Reise mit einem Ochsen am Spieß und einem Fass Cabernet ausklingen lassen.

Drei Dinge, die in meinem Reisegepäck niemals fehlen dürfen:
Ein gutes Weinglas, ein brauchbarer Korkenzieher und die Kreditkarte. Es stört mich sehr, Wein aus schlechten Gläsern trinken zu müssen.

Mein Urlaubs-Buchtipp:
Gar keiner. Ich bin froh, wenn ich einmal nichts lesen muss.

Mein juristischer Reisetipp:
Nur keine Paragraphen. Zahlen schafft Frieden!

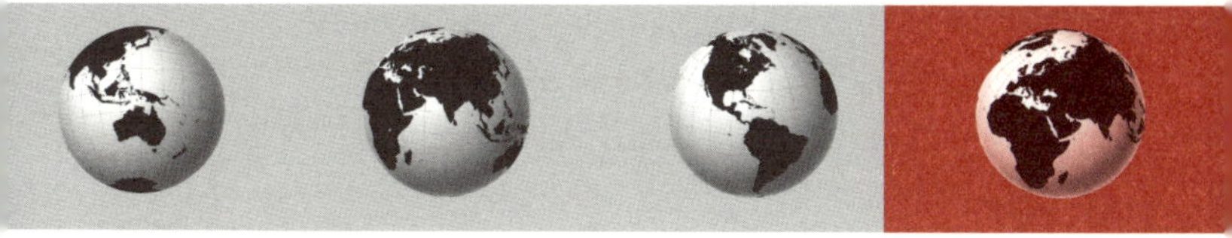

WACHAU, GUMPOLDSKIRCHEN, WESTSTEIERMARK

Besonders fasziniert mich dort:
Die Menschen, die Landschaft und natürlich auch die der weltweiten Tendenz zu geschmacklich uniformen Typen widerstehenden Weine: Riesling, Veltliner, Zierfandler, Schilcher. In Gumpoldskirchen auch die Heurigenkultur.

Am besten kommt man dort hin:
Mit dem Auto. Am Abend fährt die Gattin; trotz 20 Ehejahren trinkt sie noch immer keinen Wein.

Die beste Reisezeit dafür ist:
Jederzeit, ausgenommen die paar Wochen im Herbst, wenn alle fahr'n. Dann ist mir zuviel los.

Meistens wohne ich:
Irgendwo beim Winzer. In der Wachau ist das Hotel Lagler in Spitz mein Favorit.

Mein Geheimtipp
Das Restaurant Knoll in Unterloiben, hier hat noch immer alles gepasst. Legendär ist das gemischt gekochte Rindfleisch. Das immer perfekte Backhenderl harmoniert besonders mit den Rieslingen des gleichnamigen Weinguts, beim Fisch greife ich gern zu den Grünen Veltlinern und nach dem Essen zum Gelben Traminer. Das einzige Problem: Die Reichhaltigkeit der Speisekarte übersteigt meine Leistungsfähigkeit.

DR. HELMUT OFNER LL.M.

ao. Universitätsprofessor, Rechtswissenschaftliche Fakultät, Universität Wien

Reisen bedeutet für mich:
Entspannung, Abwechslung und Neues kennen lernen

Mein idealer Reisegefährte:
Meine Familie

Der ideale Urlaubstag:
Gemeinsam mit meiner Familie entspannt frühstücken, Stadt besichtigen und einkaufen, schwimmen und mit Blick auf das Meer Abendessen.

Ein wunderbares Urlaubserlebnis:
Die Aufführung des Stücks „Alma“ in einem venezianischen Palazzo (2002, Palazzo Zenobio). Durch die herausragende Art der Inszenierung und die besondere Atmosphäre des Aufführungsortes konnten wir die Höhen und Tiefen des Lebens der Alma Mahler-Werfel hautnah miterleben.

Meine absolute Traumreise würde mich führen:
Zwei Jahre durch Europa, um endlich alles sehen zu können.

Drei Dinge, die in meinem Reisegepäck niemals fehlen dürfen:
DuMont Kunstführer, Spielzeug für meine Töchter, Kreditkarten

Mein Urlaubs-Buchtipp:
Harper Lee “To kill a mockingbird”

Mein juristischer Reisetipp:
Verordnung (EG) über Ausgleichs- und Unterstützungsleistungen für Fluggäste im Fall der Nichtbeförderung und bei Annullierung oder großer Verspätung von Flügen (Nr 261/2004; ABl 2004 L 046, 1 ff).

ROM

Besonders fasziniert mich dort:
Die kulturelle Vielfalt und die Lebendigkeit der Stadt

Am besten kommt man dort hin:
Flugzeug oder Auto (In diesem Fall bieten sich Reiseunterbrechungen in Venedig, Padua, Bologna, Florenz und Siena an.)

Die beste Reisezeit dafür ist:
Frühling und Herbst

Meistens wohne ich:
Hotel Forum, via Tor de´Conti 25, I – 00184, Tel. 0039/06/772801;
Hotel Cavalieri Hilton, via Cadlolo 101, I – 00136;
Tel. 0039/06/35091

Mein Geheimtipp
Abendessen auf der Dachterrasse des Hotels Forum in Rom mit Blick auf das beleuchtete Forum Romanum und den Paladin.

MAG. GERALD OTTO LL.M.

Rechtsanwaltsanwärter

Reisen bedeutet für mich:
Entspannung, Abschalten, neue Erfahrungen

Mein idealer Reisegefährte:
Frei nach Florian Holzer: der liebste Mensch der Welt

Der ideale Urlaubstag:
Der erste

Ein wunderbares Urlaubserlebnis:
Immer wieder herrlich ist es, einen Sonnenuntergang in einer gemütlichen Taverne am Strand bei gutem Essen und ebensolchem Rotwein zu erleben.

Meine absolute Traumreise würde mich führen:
Über Neuseeland nach Australien und bei der Rückkehr auf Bali einen vierwöchigen Erholungsstopp von den zweimonatigen „Strapazen" einlegen.

Drei Dinge, die in meinem Reisegepäck niemals fehlen dürfen:
Brille (sonst sehe ich nichts), Kreditkarte (sonst kann ich nichts kaufen) und Medikamente (panisches Überbleibsel aus der Zivildienstzeit im Stadionbad).

Mein Urlaubs-Buchtipp:
Robert Pirsig „Zen und die Kunst ein Motorrad zu warten"

Mein juristischer Reisetipp:
Zwecks Erholungswertes am Besten vergessen, dass man Jurist ist, sonst nehmen vielleicht etwaige Mängeldokumentationen bzw. -diskussionen oder ratsuchende Urlaubsbekanntschaften überhand.

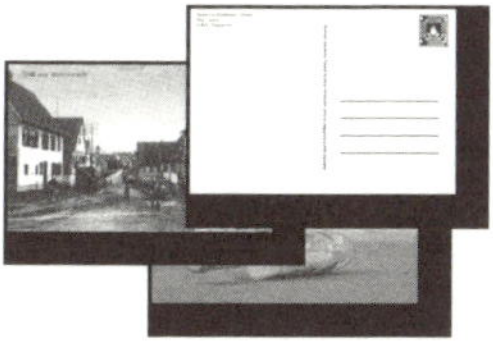

NEUSIEDLERSEE

Auf Grund der geringen Anreisezeit aus Wien an den Neusiedlersee – nach vierzig Minuten Fahrt mit dem Auto ist man „im Urlaub“.

Besonders fasziniert mich dort:
Die weite Landschaft der pannonischen Tiefebene, hohe Wahrscheinlichkeit auf guten Wind, kulinarische Vielfalt, Ab-Hof-Käufe bei unzähligen Winzern.

Am besten kommt man dort hin:
A4 – Abfahrt je nach Reiseziel

Die beste Reisezeit dafür ist:
Frühling bis Herbst

Meistens wohne ich:
Im Seepark Weiden, wo man unter idyllischen Schilfdächern in einer Halbinsellandschaft direkt am Neusiedlersee herrliche Tage und Abende genießen kann (www.seepark.at).

Mein Geheimtipp

Nicht zuviel tun während des Nichtstuns.

DR. HERBERT RAINER

Rechtsanwalt

Reisen bedeutet für mich:
Reduktion auf das Wesentliche. Erkennen, Finden und Entspannen mit Menschen, die mir wichtig sind.

Mein idealer Reisegefährte:
Meine Frau

Der ideale Urlaubstag:
Jeder Urlaubstag

Ein wunderbares Urlaubserlebnis:
Eine Begegnung mit Eos am Meer oder in den Bergen

Meine absolute Traumreise würde mich führen:
Mit einem kleinen Segelschiff um die Welt

Drei Dinge, die in meinem Reisegepäck niemals fehlen dürfen:
Montaigne, Morgenstern und ein Taschenmesser

Mein Urlaubs-Buchtipp:
Peter Sloterdijk „Im Weltinnenraum des Kapitals“ (ein „erbaulich-vergnüglicher Versuch über das Problem der Globalisierung in kritischer Absicht“, so ein Kritiker)

Mein juristischer Reisetipp:
Alles Juristische vergessen!

BARBIAN-DREIKIRCHEN
SÜDTIROL

Besonders fasziniert mich dort:
Die wunderbar einfache Architektur, die Ruhe, das Eisacktal und das Grödnertal

Am besten kommt man dort hin:
Nur zu Fuß erreichbar (Abholung mit Geländewagen möglich)

Die beste Reisezeit dafür ist:
Frühsommer, Sommer, Herbst

Meistens wohne ich:
Hotel Briol (www.briol.it), nur Mai bis Oktober geöffnet. In den zwanziger Jahren des vorigen Jahrhunderts wurde die einstige Sommerfrischevilla im Stil der Wiener Moderne umgestaltet. Ist heute noch weitgehend im Original erhalten.

Mein Geheimtipp
Der Mohnkuchen und das Abendessen dort nach alten Rezepten und ein Wein aus dem Keller des Hausherrn (ist u.a. Weinmacher des Klosters Neustift bei Brixen).

DR. WALTER H. RECHBERGER

Universitätsprofessor,
Dekan der Rechtswissenschaftlichen Fakultät
der Universität Wien

Reisen bedeutet für mich:
Den Alltag hinter mir zu lassen, um in eine ganz andere Welt einzutauchen, die neue Entdeckungen und Erkenntnisse und womöglich ein bisschen Abenteuer verspricht.

Mein idealer Reisegefährte:
Ist seit 35 Jahren meine Frau.

Der ideale Urlaubstag:
Besteht aus einer Mischung aus Erlebnis und Erholung samt kulinarischen Genüssen und einem guten Glas Wein.

Ein wunderbares Urlaubserlebnis:
Die Beobachtung von hunderten Zwergpinguinen, die an der Küste von Philipp Island (Victoria, Australien) bei Sonnenuntergang aus der Gischt auftauchen, um in einer endlosen Prozession zu ihren Nistplätzen zu watscheln.

Meine absolute Traumreise würde mich führen:
Sie wäre eine Pilgerreise in das sog. „Heilige Land", in dem es – es soll ja eine Traumreise sein – keinen Nahostkonflikt (mehr) gibt.

Drei Dinge, die in meinem Reisegepäck niemals fehlen dürfen:
Bücher, Fotoapparat, Schweizermesser

Mein Urlaubs-Buchtipp:
(Fast) jeder John Grisham (auf Englisch)

Mein juristischer Reisetipp:
Der Besuch einer Juristischen Fakultät an einer der großen Universitäten in Peking, um dort mit in faszinierender Weise interessierten Studentinnen und Studenten zu diskutieren.

COSTA RICA

Besonders fasziniert mich dort:
Der „Regenwald der Österreicher“ im Parque National Piedras Blancas

Am besten kommt man dort hin:
Per Flugzeug über Washington und San José nach Golfito, von dort (in 45 Minuten) per Bus nach La Gamba

Die beste Reisezeit dafür ist:
Im Februar

Meistens wohne ich:
In der Esquinas Rainforest Lodge in La Gamba

Mein Geheimtipp
Eine Regenwaldwanderung mit dem Guide José Angel Montiel

DR. ANDREA REIBER

Rechtskonsulentin des
Reformverbandes österreichischer Hausbesitzer

Reisen bedeutet für mich:
Mit der Seele baumeln, den Alltag zu Hause lassen, Zeit haben für meine Familie und für mich.

Mein idealer Reisegefährte:
Meine Familie

Der ideale Urlaubstag:
Strahlender Sonnenschein, tagsüber entweder eine Stadt besichtigen oder im Meer baden, abends in die Oper gehen und abschließend im Freien sitzen können bei Vitello tonnato und einem oder mehreren Gläsern Wein.

Ein wunderbares Urlaubserlebnis:
Eine Schifffahrt durch das Ägäische Meer, begleitet von plötzlich auftauchenden Delphinen.

Meine absolute Traumreise würde mich führen:
Die schönsten Reisen sind solche, die man nicht buchen kann und die auch nicht mit Urlaub verbunden sind, nämlich Tourneen mit dem Wiener Singverein. Ein Traum wäre es, einmal mit dem Chor in der Markuskirche in Venedig singen zu können, und zwar das Requiem von Brahms.

Drei Dinge, die in meinem Reisegepäck niemals fehlen dürfen:
Sonnenbrille, Korkenzieher und gute Laune

Mein Urlaubs-Buchtipp:
Keto von Waberer „Blaue Wasser für eine Schlacht“

Mein juristischer Reisetipp:
Sich rechtzeitig über die Promille-Grenze informieren.

TOSCANA, UMGEBUNG VON LUCCA

Besonders fasziniert mich dort:
Hier verbindet sich städtisches Flair mit der Nähe zum Meer.

Am besten kommt man dort hin:
Mit dem Auto. Einen Zwischenstopp sollte man in Bologna machen, in einer Stadt, wo kaum Tourismus herrscht, die geprägt ist von Studenten und Geschäftsleuten. Unter den Arkaden kann man spazieren gehen oder in ein Restaurant oder Café einkehren.

Die beste Reisezeit dafür ist:
Man kann durchaus im Sommer hinfahren, wenn man etwa in Monsagrati wohnt, ist es tagsüber nicht zu heiß, und in der Nacht kühlt es ab.

Meistens wohne ich:
In einem der Nebengebäude der Villa Mansi in Monsagrati, ca. 10 km entfernt von Lucca (Monsagrati – Loc. Colli 1, 55064 Lucca, Tel +39 0583 385 840, www.villamansi.com).

Mein Geheimtipp

Hier lässt es sich auf den Spuren von Puccini wandeln. Das Geburtshaus in Lucca sollte man unbedingt besuchen, ebenso sein Wohnhaus in Torre del Lago. Hier finden auch die Puccini-Festspiele statt. Die Bühne befindet sich direkt am See, und die romantische Stimmung ersetzt den Umstand, dass die Rolle des Cavaradossi nicht von Placido Domingo gesungen wird. Übrigens hat Puccini einen Teil seiner „Tosca" in der Villa Mansi komponiert. Ein schönes Gefühl, abends in den Sternenhimmel zu sehen und sich bewusst zu sein, daß Puccini von eben diesem Sternenhimmel zu einer seiner schönsten Arien inspiriert wurde.

DR. GERT-PETER REISSNER

Ao. Universitätsprofessor

Reisen bedeutet für mich:
Andere Weltgegenden kennen lernen, Distanz zum Alltag gewinnen, einerseits Entspannung, andererseits Anregung.

Mein idealer Reisegefährte:
Meine Frau, weil sie beim Reisen eine ähnliche Mischung aus Neugierde und dem Wunsch, gut zu leben, auszeichnet.

Der ideale Urlaubstag:
Ausgedehntes Frühstück in angenehmem Ambiente, Kontemplation (Buch, Liegestuhl, Sonne, Kaffee), Aktion (Sport, Kultur), ausgedehntes Abendessen in angenehmem Restaurant.

Ein wunderbares Urlaubserlebnis:
Unsere Hochzeitsreise in die südliche Toskana, mit Ausflügen u.a. zum Weineinkaufen nach Montepulciano etc.

Meine absolute Traumreise würde mich führen:
In die USA und Kanada, diese Gegenden müsste man mit Auto oder Zug erschließen. Beobachtet man etwa Dustin Hoffman im Film „Reifeprüfung", der mit einem offenen Alfa Spider in einer zügigen Nachtfahrt von New York nach Berkeley kommt, scheinen die Distanzen relativiert. Als Student träumte ich vom Greyhound-Bus (Simon and Garfunkel's „America"), von Derartigem kommt man wohl mit zunehmendem Alter ab, wie ich offenbar überhaupt vom studentischen Reisen mit Rucksack und Zelt mehr als genug bekommen habe.

Drei Dinge, die in meinem Reisegepäck niemals fehlen dürfen:
Reiseführer, mein Terminkalender (dieser ist zugleich Notizbuch), Buchungsbestätigungen für gute Hotels

Mein Urlaubs-Buchtipp:
Mit einer Schottland- oder Großbritannien-Reise bzw. Besichtigung von Edinburgh sollte man die Maria Stuart-Biographie von Stefan Zweig kombinieren. Der Autor hat für das Buch im British Museum in London recherchiert, was man u.a. daran sieht, dass er dem Museum als „Gegenleistung" seine Autographensammlung

(z.B. Originalpartitur von Mozarts Zauberflöte u.ä.; dort an prominenter Stelle ausgestellt) vermacht hat.

Mein juristischer Reisetipp:
Nicht an Jus denken.

JULISCHE UND KARNISCHE ALPEN

Gerne reise ich nach:
Julische und Karnische Alpen (Nordslowenien bzw. Kärnten/Osttirol – Friaul)

Besonders fasziniert mich dort:
Die guten Möglichkeiten zum Bergsteigen (Klettersteiggehen, Tourenschifahren und Firngleiten), die gemütlichen slowenischen bzw. italienischen Hütten, die Mahnmale des 1. Weltkriegs (Stellungen, Erschließungswege im Hochgebirge).

Am besten kommt man dort hin:
Über die Südautobahn, dann über den Wurzenpass oder den Predilpass bzw. die Gailtalbundesstraße und den Plöckenpass. Von dort weg tragen einen nur mehr die Füße.

Die beste Reisezeit dafür ist:
Juni bis August

Meistens wohne ich:
Rifugio Marinelli, Alpi Carniche, Tel. +39 0433 779177, http://www.lignanobeach.it/rifugio-marinelli

Mein Geheimtipp
Ich weiß nicht, ob es noch ein Geheimtipp ist. Hotel Adler Thermae, I-53027 Bagno Vignoni, San Quirico d' Orcia, Tel. +39 0577 889000, www.adler-thermae.com (siehe „Ein wunderbares Urlaubserlebnis").

DR. MARTIN E. RISAK

Universitätsassistent am Institut für Arbeits- und Sozialrecht der Universität Wien

Reisen bedeutet für mich:
Egal ob Wochenendtrip, Badeurlaub oder längerer Forschungsaufenthalt an einer ausländischen Uni: Reisen ist Veränderung – nicht nur räumlich, sondern vor allem atmosphärisch. Am wichtigsten ist mir demnach die Stimmung an einem Ort und dass ich die Zeit habe mich darauf einzulassen.

Mein idealer Reisegefährte:
Meine Freundin (und eigentlich nur sie), Gruppenreisen sind mir mehr als abhold.

Der ideale Urlaubstag:
Kommt natürlich darauf an, wo ich bin und welche Zwecke ich mit dem Urlaub verfolge. Wesentliche Elemente sind aber jedenfalls: Am Abend früh ins Bett und am Morgen recht früh auf, flexibler und großzügiger Zeitplan mit Ruhephasen, gutes Essen und Trinken, körperliche Bewegung – eine Sauna am Abend ist außerdem immer gut.

Ein wunderbares Urlaubserlebnis:
Eine Wanderung am Franz-Josef-Glacier in Neuseeland – rundherum tropischer Regenwald, vorne das Meer, dahinter die Southern Alps und dazwischen Unmengen von Eis in einem Blau, das es halt nur am Gletscher gibt. Zum Einstimmen: www.explorefranzjosef.com.

Meine absolute Traumreise würde mich führen:
In den Südpazifik – ist wohl der Traum vom verlorenen Paradies.

Drei Dinge, die in meinem Reisegepäck niemals fehlen dürfen:
Taschenmesser (mit Korkenzieher), iPod, zumindest ein gutes Buch

Mein Urlaubs-Buchtipp:
Charles Nicholl „The Fruit Palace" – manche Abenteuerreisen muss man nicht selbst machen.

Mein juristischer Reisetipp:
Eine gute Reisekrankenversicherung – ist bei den meisten Kreditkarten enthalten.

BERLIN

Besonders fasziniert mich dort:
Die entspannte Lebensart, die (noch immer bestehende) Aufbruchstimmung, der unterschiedliche Charakter der einzelnen Stadtteile, die mangelnde Sprachbarriere, der Architekturmix – und das Shopping ist dort auch nicht übel.

Am besten kommt man dort hin:
Mit dem Flugzeug – gerade Deutschland wurde durch Billigfluglinien wieder als Reiseland attraktiv.

Die beste Reisezeit dafür ist:
Herbst und Frühjahr

Meistens wohne ich:
Am Prenzlauer Berg, keine Probleme in der Umgebung etwas Gutes zum Frühstücken oder Abendessen oder nur zum Absacken zu finden. Günstig und ruhig wenngleich ein wenig spartanisch ist z.B. die Pension „Mädchenkammer“ (www.maedchenkammer.de).

Mein Geheimtipp
Frühstücken oder nur Kaffee-Trinken im „Kauf Dich Glücklich“ in der Oderberger Straße 44 – echte Prenzlauer-Berg-Stimmung, das Lokal selbst ist sehr retro und ausgesprochen relaxt (alle Möbel und sonstige 60er-Nostalgien sind zum Verkauf) – darüber hinaus gibt es hier angeblich die besten frischen Waffeln der Stadt.

DR. ALEXANDER SCHOPPER

Universitätsassistent am Institut für Recht der Wirtschaft
an der Universität Wien

Reisen bedeutet für mich:
Die richtige Mischung aus Abenteuer und Entspannung. Ein besonders hoher Grad der Entspannung ist bei mir erreicht, wenn ich vergesse, welcher Wochentag gerade ist.

Mein idealer Reisegefährte:
Meine Freundin

Der ideale Urlaubstag:
Ohne Kater aufwachen. Vor dem Frühstück ein kleiner Strandlauf auf einem leeren Strand. Vormittags ein Ausflug. Kurzer Mittagsschlaf. Nachmittags bis in den Abend am Strand liegen und entspannen. Ein spätes und langes Abendessen. Danach ein ausgiebiger Besuch der örtlichen Diskothek direkt am Strand.

Ein wunderbares Urlaubserlebnis:
Nach einer durchfeierten Nacht das Aufgehen der Sonne von der großen Düne neben Jericoacoara aus beobachten. Jericoacoara ist ein Ort ohne eine einzige asphaltierte Straße inmitten von Sanddünen an der nordöstlichen Atlantikküste Brasiliens.

Meine absolute Traumreise würde mich führen:
Noch einmal eine Rucksackreise und zwar durch Indien oder den Vietnam.

Drei Dinge, die in meinem Reisegepäck niemals fehlen dürfen:
Eine Ausgabe des „Lonely Planet“; eine Packung „Immodium“ und die Kreditkarte

Mein Urlaubs-Buchtipp:
Ein Roman von Murakami vorzugsweise „Gefährliche Geliebte“ oder „Mister Aufziehvogel“ – Geschichten, die den Leser gefangen nehmen. Ein Grenzgang zwischen realistischem Großstadtroman und surrealen Traumbildern. Dazu besonders wichtig für eine packende Strandlektüre: ein großer Schuss Erotik!

Mein juristischer Reisetipp:
Wenn möglich alle juristischen Gedanken am Flughafen in Wien Schwechat zurücklassen und die Reise mit den Augen eines „Nicht-Juristen" genießen.

RIO DE JANEIRO

Besonders fasziniert mich dort:
Eine von Leben erfüllte Großstadt direkt an weltweit einzigartigen Stränden, umgeben von Bergen und tiefem, unberührtem Wald im Hinterland – „Cidade Maravilhosa"!

Am besten kommt man dort hin:
Mit dem Flugzeug

Die beste Reisezeit dafür ist:
Ich kenne Rio leider nur im September

Meistens wohne ich:
Ich habe in der „Pousada Girassol" (Travessa Angrense 25 A) gewohnt. Eine kleine Frühstückspension, zwei Minuten von der Copacabana entfernt. Tolles Preis-Leistungsverhältnis, zentrale Lage, aber definitiv nichts für gehobene Ansprüche.

Mein Geheimtipp
Verbinden Sie Ihren Aufenthalt in Rio unbedingt mit einer Reise in das Amazonasgebiet! Vier Tage genügen! Idealer Ausgangspunkt dafür ist Manaus. Buchen Sie einen „Jungle Trip" von drei Tagen und drei Nächten bei Herrn Geraldo „Gero" Mesquita (geromesquita@hotmail.com; Tel. in Manaus: 99836273). Sie werden in Hängematten schlafen, den tropischen Regenwald an den Ufern der weit verzweigten Seitenarme des Rio Negro durchwandern, Piranhas fischen und in der Suppe essen und Alligatoren in der Nacht beobachten.

MMAG. DR. EVA SCHULEV-STEINDL

ao. Universitätsprofessorin am Institut für
Staats- und Verwaltungsrecht, Universität Wien

Reisen bedeutet für mich:
Die Zeit vergessen, endlos lange und sorglose Tage zu erleben

Mein idealer Reisegefährte:
Katharina, meine Tochter, mit der ich alles neu entdecken möchte.

Der ideale Urlaubstag:
Nach einem ausgedehnten Frühstück spontan entscheiden, wonach einem der Sinn steht: Sandburgen bauen, Berge besteigen, oder einfach in den azurblauen Himmel blicken; abends dann mit Familie und Freunden am Lagerfeuer sitzen.

Ein wunderbares Urlaubserlebnis:
Nach einer Motorradpanne in einer sternenklaren Augustnacht schien ein verlassener Heustadel in einem bulgarischen Dörfchen nahe von Kjustendil besser als jedes Hotel.

Meine absolute Traumreise würde mich führen:
Auf Robinson Crusoes Insel, d. h. auf die Karibikinsel Tobago, oder war es doch eine andere ...?

Drei Dinge, die in meinem Reisegepäck niemals fehlen dürfen:
Eine Digitalkamera, eine Landkarte und gute Laune

Mein Urlaubs-Buchtipp:
Gabriel Garcia Márquez „Die Liebe in den Zeiten der Cholera“

Mein juristischer Reisetipp:
Die Juristerei einmal sein lassen.

BULGARIEN

Besonders fasziniert mich dort:
Die Gelassenheit und Warmherzigkeit der Leute, die Gastfreundschaft, der kräftige Rotwein, der Sonnenschein im November, die Rhodopen, das Schwarze Meer und dass doch alles „immer irgendwie geht".

Am besten kommt man dort hin:
Wenn man nicht fliegen möchte, gibt es einen komfortablen Linienbus, der täglich von Wien nach Sofia fährt.

Die beste Reisezeit dafür ist:
Frühsommer; für das Meer der September

Meistens wohne ich:
Im Familienkreis

Mein Geheimtipp
Baltschik, wegen seiner hellen Kalksteinhänge auch die „Weiße Stadt" genannt, ist ca. 40 km nördlich von Varna in einer Bucht an der bulgarischen Schwarzmeerküste gelegen. Als es nach 1912 vorübergehend zu Rumänien gehörte, war die rumänische Königin Maria bei einem Besuch von der Schönheit der Küste so fasziniert, dass sie dort ihre Lieblings-Sommerresidenz mit einem großen botanischen Garten bauen ließ – man kann das heute noch gut nachempfinden, besonders, wenn man vom steinernen Thron auf das Meer blickt!

DR. ERICH SCHWARZENBACHER

Vorsitzender eines Kartellsenats am Oberlandesgericht Wien

Reisen bedeutet für mich:
Abwechslung – auch die Reise zu schon bekannten Destinationen bietet Abwechslung vom Alltag.

Mein idealer Reisegefährte:
Die gesamte Familie (Frau und vier Kinder)

Der ideale Urlaubstag:
Ausgeruht aufstehen, ausgiebig frühstücken, Aktivität im Freien (am liebsten ein Besichtigungsrundgang, Strandaktivitäten oder eine Radtour), Mittagessen im Schatten, danach Ausruhen in einer Hängematte mit Lektüre, am Nachmittag ähnliche Aktivitäten wie am Vormittag, im Idealfall langes Schwimmen im Meer, zum Abendessen eigenhändig gegrilltes Steak oder Fisch samt gutem Wein.

Ein wunderbares Urlaubserlebnis:
Das erstmalige Ansichtigwerden der Altstadt von Perugia (Umbrien, Mittelitalien), wo ich als Jugendlicher mein Italienisch-Studium begann. Neben dem überwältigenden Anblick der mittelalterlichen Gebäude hat mich das darin pulsierende Leben und bunte Treiben so fasziniert.

Meine absolute Traumreise würde mich führen:
Mehrmonatige Kreuzfahrt auf einem Luxus-Schiff entlang südlicher Küsten samt mehrtägigen Landaufenthalten in verschiedenen Städten.

Drei Dinge, die in meinem Reisegepäck niemals fehlen dürfen:
Reisepass, Geld und Lektüre. Alles andere kann vor Ort besorgt werden.

Mein Urlaubs-Buchtipp:
„Lauf, Jane, Lauf“ von Joy Fielding. Im letzten Sommerurlaub in der Hängematte gelesen.

Mein juristischer Reisetipp:
Keine Pauschalreisen oder „all inclusive" buchen, um nicht nachher Andere für erlittene Enttäuschungen verantwortlich und haftbar machen zu müssen. Schließlich mindern Reiseprozesse noch nachträglich die Urlaubsfreude.

SAVUDRIJA (SALVORE)

Westzipfel Istriens, Kroatien

Besonders fasziniert mich dort:
Das saubere Meer und die Grenzlage (Italien – Triest, Slowenien – Piran)

Am besten kommt man dort hin:
Mit dem Auto. Von Wien sind es nur fünf bis sechs Stunden (Wozu in die Ferne schweifen ...?).

Die beste Reisezeit dafür ist:
Jede Jahreszeit, wenn nicht gerade die Bora weht. Frühjahr + Herbst: insbesondere schöne Radtouren durch Istrien möglich (wenig Autoverkehr!), Sommer: Schwimmen im Meer, Winter: Spaziergänge bei mildem Klima.

Meistens wohne ich:
In einem Bungalow (allfällige Vermittlung 01-9797222)

Mein Geheimtipp
Ein abendlicher Ausflug zum Künstlerstädtchen Groznjan (Grisignana), 20 km von Savudrija entfernt. Idyllische Altstadt auf einem Hügel; zahlreiche Galerien; im Sommer fast jeden Abend Konzerte (klassisch + Jazz), auch im Freien, freier Eintritt.

DR. REINHARD SCOLIK

ORF-Programmdirektor

Reisen bedeutet für mich:
Einfach Erholung (danach ist der gleichnamige Urlaub benannt) oder aufregende neue Orte entdecken (der Entdeckungsurlaub)

Mein idealer Reisegefährte:
Meine Familie

Der ideale Urlaubstag:
Das erste Mal ein neues Land in einem fremden Kulturkreis betreten, also der Moment, wo alles neu und unbekannt ist (Entdeckungsurlaub) oder ein ungetrübter Strandtag (Erholungsurlaub)

Ein wunderbares Urlaubserlebnis
Ein alter Mann in Syrien mit der Erscheinung einer Heiligenfigur, der mir seine Geschichte erzählen wollte und auch durch meinen Hinweis, kein Wort arabisch zu verstehen, nicht davon abzuhalten war. Er hat mir die Hand auf die Schulter gelegt, mir alles erzählt, und ich habe dieses Erlebnis nie vergessen, obwohl ich bis heute nicht weiß, was der Inhalt seiner Rede war. Vielleicht war das aber gar nicht entscheidend ...

Meine absolute Traumreise würde mich führen:
Eine Reise auf dem Landweg rund um das Mittelmeer

Drei Dinge, die in meinem Reisegepäck niemals fehlen dürfen:
Bücher, Whisky und mein Taschenmesser

Mein Urlaubs-Buchtipp:
Immer einen Klassiker mitnehmen und eine aktuelle Neuerscheinung, dann hat man die unterschiedlichsten Welten zum Eintauchen, von Mann bis Mankell oder von Tucholsky bis Ransmayr.

Mein juristischer Reisetipp:
Krakau und Umgebung

GOLDEGG, SALZBURG

Besonders fasziniert mich dort:
Landschaft, Ruhe und Sportmöglichkeiten

Die beste Reisezeit dafür ist:
Das ganze Jahr

Meistens wohne ich:
Hotel Seehof, 5622 Goldegg am See, Tel. 06415 8137,
seehof@salzburg.co.at

Mein Geheimtipp

PICHLHÄUSL, Goldegg (St. Veit – Pongau)
Tel. 0664 340 43 80 – ein uriges kleines Hüttenlokal mit dem besten, am offenen Feuer gemachten Braten der Welt

MMAG. DR. DAPHNE-ARIANE SIMOTTA

Universitätsprofessorin

Reisen bedeutet für mich:
Neue Eindrücke zu gewinnen

Mein idealer Reisegefährte:
Meine Tochter Alexandra

Der ideale Urlaubstag:
Genussvoll in der Sonne liegen; einen Thriller lesen und viel schwimmen

Ein wunderbares Urlaubserlebnis:
Der Sonnenauf- und -untergang im Grand Canyon

Meine absolute Traumreise würde mich führen:
Nach Bora Bora und Neuseeland und Galapagos

Drei Dinge, die in meinem Reisegepäck niemals fehlen dürfen:
Bücher, Fotoapparat, Reiseapotheke

Mein Urlaubs-Buchtipp:
Thriller von Grisham, Ludlum, Forsyth

Mein juristischer Reisetipp:
Abschluss einer Reiseversicherung

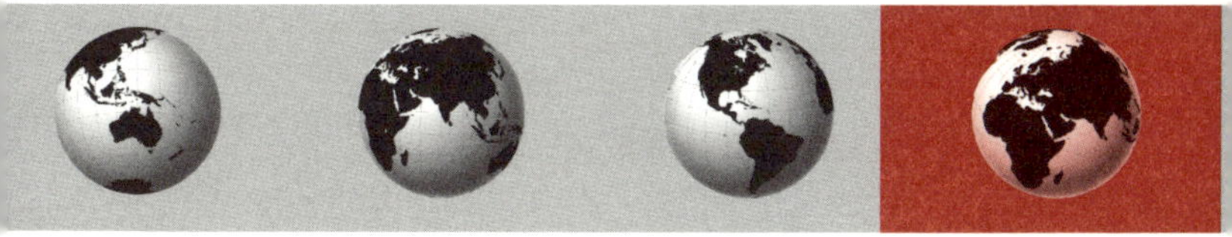

HAWAII

Besonders fasziniert mich dort:
Die traumhaften Strände und die Landschaft

Am besten kommt man dort hin:
Über München und Los Angeles und Hawaii (Maui oder Kauai)

Die beste Reisezeit dafür ist:
Juli – August

Meistens wohne ich:
Four Season Maui und Hyatt Regency in Kauai

Mein Geheimtipp
Four Seasons Jimbaran (Bali) und Four Seasons Punta Mita (Mexiko)

DR. ALEXANDER SOMEK

Professor of Law

Reisen bedeutet für mich:
Die Zeitreisen zwischen den zwei Welten des Atlantik

Mein idealer Reisegefährte:
Meine Frau, wer sonst?

Der ideale Urlaubstag:
Der ideale Urlaubstag beginnt mit einem späten Frühstück. Darauf folgt die Bootsfahrt, die zu einem Tauchplatz entweder im Roten Meer oder im Indischen Ozean führt. Auf das Tauchen folgt eine ausgedehnte Mittagspause. Wenn Sie auf einem Boot an der Südspitze des Sinai stattfindet, muss aus den Schiffslautsprechern Bob Marley plärren. Sonst kommt keine Urlaubsstimmung auf. Nach dem zweiten Tauchgang geht es zurück an den Ausgangspunkt, wo die „Happy Hour" schon begonnen hat. Vom Stickstoffrausch sediert räsoniert man nach dem Abendessen mit anderen Urlaubsgästen über die Unfassbarkeit der Steuerbelastung (Karl-Heinz Grasser könnte unter den Gästen sein).

Ein wunderbares Urlaubserlebnis:
Nachttauchen am Bobana Thila (ohne Lampe)

Meine absolute Traumreise würde mich führen:
Nach Cuba (wegen der vorzüglichen landwirtschaftlichen Produkte)

Drei Dinge, die in meinem Reisegepäck niemals fehlen dürfen:
Reisepass, Kreditkarten, Hegel

Mein Urlaubs-Buchtipp:
Brain Ladd „The Ghosts of Berlin“ (1998) – für Berlinreisende, und Berlin ist mehr als eine Reise wert.

Mein juristischer Reisetipp:
Guantanamo Bay

SHARM EL SHEIKH

Besonders fasziniert mich dort:
Die Unterwasserwelt und der industrialisierte Tourismus

Am besten kommt man dort hin:
Mit dem Flugzeug

Die beste Reisezeit dafür ist:
Februar bis Mai

Meistens wohne ich:
Im Magic Life Club

Mein Geheimtipp
Galena, Illinois (an der Grenze zu Iowa, malerisch in der Nähe des Mississippi gelegen)

MMAG. THOMAS STRANZINGER, LL.M.

Manager, Leitner+Leitner, Wirtschaftsprüfer und Steuerberater

Reisen bedeutet für mich:
Neues kennen lernen, genießen und dabei aktiv erholen – wobei ich beim „Kennenlernen“ Menschen, „Zeitgenössisches“ sowie Essen und Trinken irgendwelchen Monumentalbauten aus der Vergangenheit vorziehe.

Mein idealer Reisegefährte:
Nur jene Menschen, die Reisen die gleiche Bedeutung beimessen und genießen können ;)

Der ideale Urlaubstag:
Beginnt mit einem ausgedehnten Brunch am Meer oder auf einer netten Terrasse, darauf folgt die Erkundung von Land und Leuten, anschließend – wenn in der Nähe – ein Strandaufenthalt – dann ein kleiner Aperitif am späteren Nachmittag – schließlich die Aufnahme von lokalen Spezialitäten in einem ansprechenden Restaurant (am besten natürlich direkt am Wasser) ... und zum Abschluss – je nach Urlaubsort – vielleicht noch eine kurze Erkundung des Nachtlebens ...

Ein wunderbares Urlaubserlebnis:
Zu zweit an einem einsamen Sandstrand bei Sonnenuntergang ... und dabei zum Glück nicht der Gefahr ausgesetzt, für irgendeinen Minister gehalten zu werden ...

Meine absolute Traumreise würde mich führen:
Überall dorthin, wo ich bislang nicht war ...(also da gibts noch genug Traumziele).

Drei Dinge, die in meinem Reisegepäck niemals fehlen dürfen:
Gott sei Dank kann man mittlerweile fast überall alles nachkaufen.

Mein Urlaubs-Buchtipp:
Ein guter und aktueller Krimi, der nach Möglichkeit am Reiseort spielt, so z.B. für Triest- bzw. Italienreisende: Veit Heinichen „Der Tod wirft lange Schatten“.

Mein juristischer Reisetipp:
Immer und überall brav die Gesetze einhalten ... weil: Den Seinen gibts der Herr im Schlaf.

IMMER WOANDERS HIN ...

In Italien im Speziellen hat mir das Piemont am besten gefallen (da noch eher verhalten „touristisch“, so z.B. Alba); in Frankreich würd ich Korsika empfehlen ... und für Städtereisen: Hamburg ... und als aktiver Skifahrer: natürlich St. Anton ... und für Sommer in Österreich: das Salzkammergut .... (weil da kann man gut lustig sein ...)

Besonders fasziniert mich dort:
Dass es ständig etwas Neues zu entdecken gibt ...

Am besten kommt man dort hin:
Mit dem Auto, der Bahn oder dem Flugzeug ... notfalls zu Fuß oder mit dem Rad

Die beste Reisezeit dafür ist:
Am besten ist natürlich, im Oktober oder November in den Sommer zu fliegen ... (Hawaii im November kann durchaus was ... und da vor allem die Insel Kauai www.kauaiworld.com)

Meistens wohne ich:
Im Appartement oder Hotel ...

Mein Geheimtipp
Für Korsika: Fisch und Weißwein am Etang de Diane, direkt am Meer ...In Hamburg: eine der letzten wirklichen Kiez-Kneipen: Silbersack (zur Sperrstunde – und das ist nicht um Mitternacht - singt Hans Albers...)

DR. EDUARD STRAUSS

Richter des Oberlandesgerichtes Wien

Reisen bedeutet für mich:
Meinen Horizont zu erweitern, mich selbst und meine Alltagsumgebung nicht als den „Nabel der Welt" zu sehen, gute Freunde zu besuchen

Mein idealer Reisegefährte:
Meine Frau Mag. Susanne Strauss

Der ideale Urlaubstag:
(fiktive Zusammenstellung): Frühstück am Urlkogl in Gamlitz mit Ausblick aufs südsteirische Weinland mit anschließendem Spaziergang; danach: relaxen am Lac Dufresne im Sommerhaus unserer franko-kanadischen Freunde nahe Montréal; am späten Nachmittag: ein Konzert ihres „Ensemble Strauss-Lanner de Montréal" oder eines ihrer anderen einschlägigen Ensembles in der dortigen Umgebung genießen und moderieren; abends mit einem Glas schottischen Malt-Whisky und einem guten Essen im Hotel Kilmartin/Schottland ausklingen....

Ein wunderbares Urlaubserlebnis:
Eine Walbeobachtungsfahrt am St. Lorenz-Strom

Meine absolute Traumreise würde mich führen:
Auf eine Mittelmeerkreuzfahrt in einer kleinen, gut harmonierenden Reisegruppe auf einem großen Segelschiff (mit Besatzung und Bedienung!) bei Schönwetter, wenn es mein Magen aushält!

Drei Dinge, die in meinem Reisegepäck niemals fehlen dürfen:
Der/die entsprechende/n Reiseführer mit guter Karte; Nasentropfen; die letzte Ausgabe von „Die Fledermaus"-Mitteilungen des „Wiener Instituts für Strauss-Forschung" zum Lesen aber auch zum Verbreiten

Mein Urlaubs-Buchtipp:
Der/die entsprechende/n Reiseführer; die neueste „Strauss-Literatur"

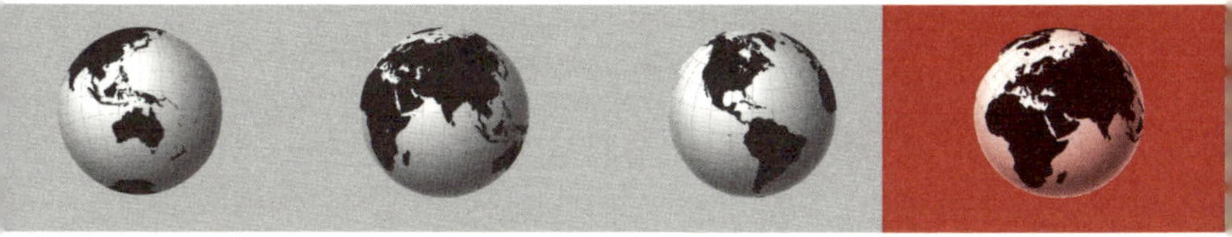

Mein juristischer Reisetipp:
Gute Vorbereitung und Information ist die halbe Reise und erspart Ärger danach mit „juristischem Nachspiel“; Stornoversicherungen abschließen!

KRAKAU/POLEN

Besonders fasziniert mich dort:
Das pulsierende Leben am Hauptplatz (Rynek); die offene Freundlichkeit der Einwohner, das „altösterreichische“ Ambiente; die vielen Kulturschätze; die sinnliche Apartheit vieler Polinnen

Am besten kommt man dort hin:
Mit der Bahn

Die beste Reisezeit dafür ist:
Jederzeit

Meistens wohne ich:
Im schönen Haus meines Cousins an der Weichsel

Mein Geheimtipp
Privatzimmer URLKOGL Dagmar Veit & Johann Ledinek; Eckberg 78, 8462 Gamlitz; Tel.: +43 3453 4634, E-Mail: winzerzimmer@urlkogl.at

DR. MICHAEL TANZER

Universitätsprofessor

Reisen bedeutet für mich:
Neue Eindrücke sammeln, Erlebtes vertiefen

Mein idealer Reisegefährte:
Meine Gefährtin

Der ideale Urlaubstag:
Eine Mischung aus Kultur und Natur

Ein wunderbares Urlaubserlebnis:
Wenn es (noch) schöner ausfällt als erwartet

Meine absolute Traumreise würde mich führen:
Tibet; Himalaja

Drei Dinge, die in meinem Reisegepäck niemals fehlen dürfen:
Reiseführer, Schweizer Messer, Kopfbedeckung

Mein Urlaubs-Buchtipp:
Julian Barnes „Der Zitronentisch"

Mein juristischer Reisetipp:
Beweissicherung bei unangenehmen Vorkommnissen mit erwartbarem „rechtlichem Nachspiel"

ÄGYPTEN

Besonders fasziniert mich dort:
Das Licht; die Farben in Natur und Kunst

Am besten kommt man dort hin:
Mit dem Flugzeug

Die beste Reisezeit dafür ist:
November; nicht zu heiß, Besichtigungen daher (schon) möglich, baden und sonnen aber auch

Meistens wohne ich:
In Luxor; Hotel Mövenpick Jollie-Ville; großzügige, erst jüngst modernisierte Bungalow-Anlage mitten in der Natur der „Krokodilinsel“

Mein Geheimtipp
Das Luxor-Museum; modern in der Anordnung; sehr vielfältig; dem Ägyptischen Museum in Kairo abgesehen von dem Schatz des Tutenchamun überlegen; wird oft und zu Unrecht zugunsten der Sehenswürdigkeiten vor Ort „links liegen gelassen“.

PROF. MAG. DR. HELLMUT TESCHNER

Ministerialrat i.R., Pensionist, Autor

Reisen bedeutet für mich:
Erweiterung des geographischen, wirtschaftlichen und kulturellen Weltbildes, Erfüllung lang gehegter Träume

Mein idealer Reisegefährte:
Meine Lebensgefährtin

Der ideale Urlaubstag:
Ein Tag mit vielen neuen Eindrücken, aber ohne großen Stress

Ein wunderbares Urlaubserlebnis:
Osterinsel im aufsteigenden Nebel

Meine absolute Traumreise würde mich führen:
Singapur – Neuseeland – Dubai

Drei Dinge, die in meinem Reisegepäck niemals fehlen dürfen:
Kamera, einschlägige Landkarte, Reiseapotheke

Mein Urlaubs-Buchtipp:
Ein kleinformatiger, aber trotzdem ausführlicher Reiseführer

Mein juristischer Reisetipp:
Eine günstige Stornoversicherung

SÜDTIROL

Besonders fasziniert mich dort:
Das Zusammentreffen von alpinen und mediterranen Landschaftselementen

Am besten kommt man dort hin:
Mit dem Auto

Die beste Reisezeit dafür ist:
Herbst

Meistens wohne ich:
Abwechselnd in einem der vielen Burghotels

Mein Geheimtipp

Schloss Aichberg in Eppan

DR. THOMAS UHER

Finanzvorstand

Reisen bedeutet für mich:
Nach anderen Kulturen, nach anderen Lebensarten, nach anderen Ideen und ein bisschen nach mir selbst zu suchen.

Mein idealer Reisegefährte:
Meine Kinder, weil sie noch neugieriger sind als ich und weil sie das Staunen nicht verlernt haben.

Der ideale Urlaubstag:
Die perfekte Harmonie von Kultur, Natur und Kulinarischem mit meiner Familie.

Ein wunderbares Urlaubserlebnis:
Nach einem furchtbaren Gewitter aus der Kirche San Francesco in Assisi auf den menschenleeren Platz herauszutreten und den kurzen Moment des Glückgefühls zu haben, allein in Assisi zu sein.

Meine absolute Traumreise würde mich führen:
In 80 Jahren um die Welt

Drei Dinge, die in meinem Reisegepäck niemals fehlen dürfen:
Kulturführer, Sonnenbrille und Korkenzieher

Mein Urlaubs-Buchtipp:
Ross King „Das Wunder von Florenz, Architektur und Intrige: Wie die schönste Kuppel der Welt entstand"; weil hier der menschliche Urantrieb, etwas Neues und noch nie da Gewesenes zu schaffen, so eindrucksvoll beschrieben wird.

Mein juristischer Reisetipp:
Sich im Urlaub keine Gedanken über juristische Fragen zu machen.

UMBRIEN

Weil man jenseits der touristischen Trampelpfade Italien pur genießen kann.

Besonders fasziniert mich dort:
Jene Seiten Italiens, die noch nicht in jedem Lifestyle-Magazin vielfach besprochen wurden.

Am besten kommt man dort hin:
Alle Wege führen bekanntlich nach Rom – einfach kurz davor anhalten...

Die beste Reisezeit dafür ist:
Spätes Frühjahr oder früher Herbst

Meistens wohne ich:
In einem der vielen renovierten Natursteinhäuser

Mein Geheimtipp
Restaurant „Le Melograne“ im Hotel „Le Tre Vaselle“ (Lungarotti) in Torgiano (ca. 10 km südlich von Perugia).

MMAG. DR. ARNO WEIGAND

Notarsubstitut Wien – Innere Stadt
Universitätslektor am Institut für Recht der Wirtschaft, Uni Wien
FHS des bfi Wien – Studiengang Bank- und Finanzwirtschaft

Reisen bedeutet für mich:
Entspannung, Kultur, Natur und Impressionen; meine bevorzugten Reiseziele sind Städte und Inseln.

Mein idealer Reisegefährte:
Meine liebe Frau Isabella; wir haben die gleichen Interessen (harmonisch zu zweit genossen ist für jeden doppelt genossen).

Der ideale Urlaubstag:
Ein ausgedehntes Frühstück auf einer Terrasse über dem Meer, dann mit Leihwagen und Baedeker Kultur und Natur erkunden, am späteren Nachmittag Meer und Sonne genießen und schließlich zu zweit den Tag bei einem geruhsamen Abendessen ausklingen lassen.

Ein wunderbares Urlaubserlebnis:
Da gibt es viele: ein Sonnenaufgang am Mosesberg am Sinai, ein Sonnenuntergang am Deck eines Nilschiffes, die herrliche Luft bei einer Bootsfahrt auf dem Altausseer See, die alten Mauern und Kuppeln von La Valletta in der Abendsonne bei einer Hafenrundfahrt …

Meine absolute Traumreise würde mich führen:
Bora Bora und Tahiti, Strände und Meer sollen dort traumhaft sein.

Drei Dinge, die in meinem Reisegepäck niemals fehlen dürfen:
Zumindest eine Kreditkarte, die Reiseapotheke und immer eine volle Mineralwasserflasche.

Mein Urlaubs-Buchtipp:
Hartmut Boockmann „Das Mittelalter. Ein Lesebuch“

Mein juristischer Reisetipp:
Eine umfassende Reiseversicherung

BUDAPEST

Besonders fasziniert mich dort:
Die Schwester Wiens mit ihrer wiedererweckten Kaffeehauskultur, ihrer Folklore und ihrem monumentalen Glanz des 19. Jahrhunderts.

Am besten kommt man dort hin:
Von Wien aus ganz einfach mit dem Auto (bewachte Parkplätze sind zu bevorzugen) oder einfacher mit der Bahn.

Die beste Reisezeit dafür ist:
Am besten in der Weihnachtszeit: Der Weihnachtsmarkt am Vörösmarty tér (umweit von der berühmten Cafe-Konditorei Gerbeaud, www.gerbeaud.hu), die kunsthandwerklichen Erzeugnisse sind geschmackvoll.

Meistens wohne ich:
Von seiner Lage her unübertroffen ist das Hilton im Budaer Burgviertel (www.danubiusgroup.com) mit seinem wunderbaren Blick auf das Pester Donauufer mit dem Parlamentsgebäude.

Mein Geheimtipp

Wenn man die ungarische Küche liebt, dann sollte man keinesfalls das **Kárpátia** (V., Ferenciek tere 7-8, www.karpatia.hu) mit seinem buntbemalten Intérieur aus dem 19. Jh. und den zahlreichen Deckengemälden aus der ungarischen Geschichte auslassen. Zur Mittagszeit bietet sich auch das berühmte Restaurant **Gundel** (XIV., Állatkerti út 2, www.gundel.hu) nahe dem Tiergarten an, welches mit seinen verhältnismäßig preiswerten, aber sehr gelungenen Mittagsmenüs weit mehr zu bieten hat als nur die legendären Gundelpalatschinken zum Dessert.Zu den Kaffeehäusern, die man in Budapest jedenfalls gesehen haben sollte, gehört die winzige Biedermeier Konditorei **Ruszwurm** auf dem Burgberg (I., Szentháromság utca 7, www.ruszwurm.hu).

DDR. ARTHUR WEILINGER

o. Universitätsprofessor am Institut für Recht der Wirtschaft,
Universität Wien

Reisen bedeutet für mich
Leben. Die Freiheit genießen, fremde Länder und Kulturen kennen lernen. Nicht so meine Sache sind reine Abenteuerreisen.

Mein idealer Reisegefährte
Meine Tochter Magdalena; sie reist genau so gerne wie ich.

Der ideale Urlaubstag
Gemütlich aufstehen und mit dem Blick auf das Meer frühstücken, über Mittag schwimmen und unter Palmen liegen, am späteren Nachmittag die Umgebung erkunden und am Abend bei einem guten Glas Wein den Tag ausklingen lassen.

Ein wunderbares Urlaubserlebnis
Das Auftauchen der alten Inka-Stadt Machu Picchu nach einem dreitägigen Marsch am Inka-Trail (der Inka-Pfad beginnt meist bei Llacta Pacta, das man mit dem Zug von Cuzco erreicht), gesehen von der Ruine „Inti Punku“.

Meine absolute Traumreise würde mich führen
Auf die Galapagos Inseln, rund 1000 km vor der Küste Ecuadors auf der Höhe des Äquators. Sehr gerne möchte ich auch nochmals die Isla de Pasquas, die Osterinsel, besuchen, die mich mit ihren großen Kopffiguren sehr beeindruckt hat.

Drei Dinge, die in meinem Reisegepäck niemals fehlen dürfen
Die Kreditkarte, eine Kamera und Gummibärchen von Haribo.

Mein Urlaubs-Buchtipp
Herbert Rosendorfer: Briefe in die chinesische Vergangenheit.

Mein juristischer Reisetipp
Unbedingt eine Stornoversicherung abschließen.

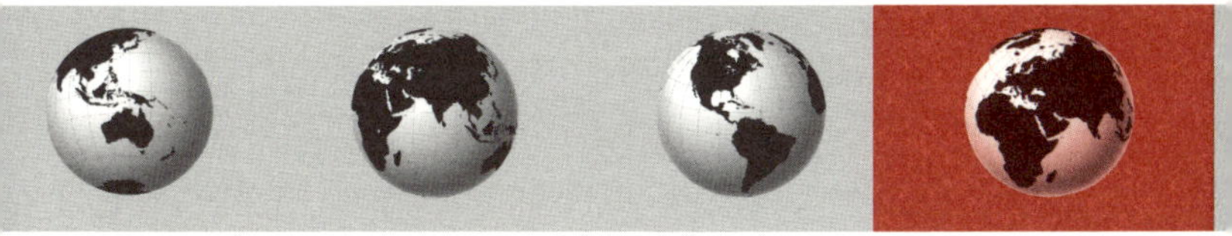

ROM

Besonders fasziniert mich dort
Die Lebensart der Römer, das Treiben auf den Straßen, der schnelle Espresso, das Hupen der Mopeds und das antike Rom, besonders das Pantheon, das Colosseum und das Forum Romanum. Aber auch das Sonnenlicht, vor allem am späteren Nachmittag, ist wunderbar.

Am besten kommt man dort hin
Mit dem Flugzeug. Seitdem flyniki (www.flyniki.com) die Strecke aufgenommen hat, wird oft auch bei der Austrian (www.aua.com) ein Ticket um ungefähr € 110,– zuzüglich Taxen angeboten.

Die beste Reisezeit dafür ist
Das Frühjahr oder der Herbst. Im Hochsommer ist es zu heiß in Rom.

Meistens wohne ich
Hotel Cavalieri Hilton, via Cadlolo 101, 00136 Roma, Tel +39 06 35091. Wichtig ist dabei ein Zimmer mit Blick über Rom. Das Hotelgebäude selbst beeindruckt nicht, dafür aber die Aussicht und der wunderschöne Garten mit großem Pool, die angenehmen Sonnenliegen und das sehr gute Gartenrestaurant umso mehr. Eine ideale Oase, um nach einem Marsch durch die mit Leben und Lärm durchflutete Stadt zu entspannen.
Vor allem in der Nebensaison kann man über www.hilton.com Sonderangebote buchen.

Mein Geheimtipp
Zur Tradition gehört ein Besuch im Restaurant „Alfredo alla Scrofa“, via della Scrofa 104, Roma, in der Nähe der via Corso. Tel +39 06 68806163. Zu empfehlen sind die hausgemachten „Fettuccine Alfredo“, für die dieses Restaurant bekannt ist. Hier besteht übrigens seit langem ein Streit mit dem Restaurant „Alfredo Originale“, Piazza Augusto Imperatore 30, Tel +39 06 6878734, darüber, wer die echten (und auch besseren) „Fettuccine Alfredo“ zubereitet.

DR. JOSEF WEIẞL, MBA

Vorstandsdirektor der Oberbank AG

Reisen bedeutet für mich:
Aufbruch, Freiheit, sich öffnen für Neues, Natur und Kultur genießen, Spannung und Ausspannen

Mein idealer Reisegefährte:
Leute mit dem gleichen „Tempo“, nicht zu hektisch, aber auch nicht zu gemütlich

Der ideale Urlaubstag:
Mit Freunden Kultur und Natur erleben, gemütlich bei Essen und Trinken den Abend genießen.

Ein wunderbares Urlaubserlebnis:
Gibt es etliche; z.B. Freunde fürs Leben im Urlaub kennen zu lernen.

Meine absolute Traumreise würde mich führen:
Es gäbe sicher vieles, was mich fasziniert.

Drei Dinge, die in meinem Reisegepäck niemals fehlen dürfen:
Kreditkarte, Reisepass und nette Leute

Mein Urlaubs-Buchtipp:
Ich nehme mir heuer mit: Jack Welch „Winning“.

Mein juristischer Reisetipp:
Habe ich Gott sei Dank noch keine Erfahrungen.

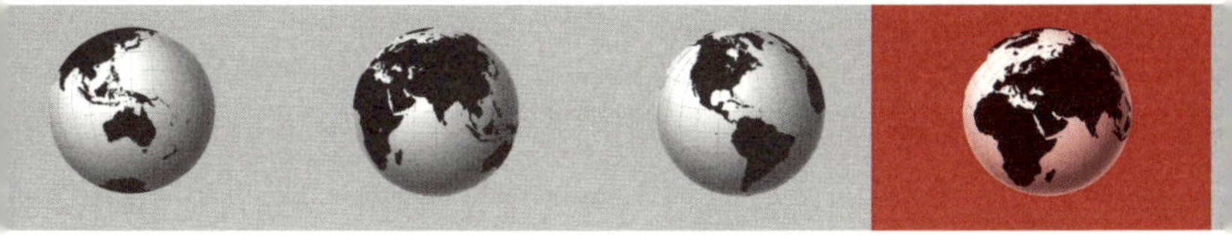

TOSKANA/UMBRIEN

Besonders fasziniert mich dort:
Die Landschaft, die Fülle an mittelalterlichen Städten, das Klima, die Lebensart

Am besten kommt man dort hin:
Ich fahre am liebsten mit dem Auto.

Die beste Reisezeit dafür ist:
Meiner Meinung nach der Spätsommer und Herbst

Meistens wohne ich:
Nichts Fixes, einen besonderen Reiz haben für mich die Landgüter in der Nähe der großen Städte.

Mein Geheimtipp

Assisi

DR. IRENE WELSER

Honorarprofessorin, Rechtsanwalt

Reisen bedeutet für mich:
Nach einem stressreichen Tag um 16:00 Uhr in Wien wegfahren und am Abend mit meinem Mann und meiner Tochter Theresia bereits in Italien bei Pasta und Wein sitzen.

Mein idealer Reisegefährte:
Mein VIE-Koffertrolley

Der ideale Urlaubstag:
Eine Kombination aus Besichtigung, Sonne, Schwimmen und herrlichem italienischen Essen

Ein wunderbares Urlaubserlebnis:
In Verona ankommen und noch Karten für die 1. Reihe bekommen, mitten im 1. Akt von AIDA Regentropfen, kurzfristiger Abbruch der Aufführung mit Aufruhr des Publikums, bis nach zehn Minuten feststeht, dass doch weitergespielt werden kann, und ein fulminanter Triumphmarsch unter Mondschein erklingt.

Meine absolute Traumreise würde mich führen:
Nach Ägypten, zu einer Kreuzfahrt auf dem Nil à la 20er Jahre

Drei Dinge, die in meinem Reisegepäck niemals fehlen dürfen:
Handy, Blackberry und Badeanzug

Mein Urlaubs-Buchtipp:
Bücher über die Rivalität zwischen Bernini und Borromini in Rom, etwa jenes von Sabine Burbaum, von Jake Morrissey oder – als „leichtere Kost“ mit romanhaften Zügen „La Principessa“ von Peter Prange

Mein juristischer Reisetipp:
Zimmer kurzfristig an Ort und Stelle nach Ansicht buchen, so erspart man sich sowohl Enttäuschungen als auch mühsame Gewährleistungsprozesse.

ITALIEN

Zuerst nach Busseto, dem Geburts- und Wohnort Giuseppe Verdis

Besonders fasziniert mich dort:
Die echte italienische Atmosphäre abseits von Touristenströmen, wenn man abends unter den Arkaden auf der Piazza vis à vis vom Teatro sitzt.

Am besten kommt man dort hin:
Mit dem Auto, das auch für die Weiterfahrt durch ganz Italien sehr nützlich ist.

Die beste Reisezeit dafür ist:
Der Sommer

Meistens wohne ich:
Im Hotel I due Foscari; Piazza Carlo Rossi, Tel. +39 0524-930031,
Essen im Restaurant „Teatro", Piazza G. Verdi,
Tel. +39 0524-92334

Mein Geheimtipp

Brescello in der Poebene als Ort, an dem „Don Camillo & Peppone" gedreht wurde, etwa 50 km entfernt. Hier fühlt man sich wie in den 50er Jahren und glaubt, Fernandel würde einem demnächst begegnen. Auch das „Museo" zeigt liebevoll zusammengestellte Details der Filme und Requisiten, und die Bewohner erzählen Geschichten von den Filmarbeiten.

DR. RUDOLF WELSER

o. Universitätsprofessor

Reisen bedeutet für mich:
Zeit haben, Schauen, Hören, Lesen, anderes kennenlernen: Andere Menschen, anderes Denken, andere Kulturen, andere Zeiten, anderes Essen.

Mein idealer Reisegefährte:
Irene und Theresia Welser

Der ideale Urlaubstag:
Viel Sonne, blaues Meer, mediterranes Klima und mediterrane Kultur, viele antike Bauten, bodenständige Küche, guter Wein, wenig Touristen, keine Juristen.

Ein wunderbares Urlaubserlebnis:
Die Entdeckung eines Hotels mit freiem Zimmer in der Nacht nach fünfstündiger ergebnisloser Suche.

Meine absolute Traumreise würde mich führen:
In das Land, in das ich immer reise: nach Italien.

Drei Dinge, die in meinem Reisegepäck niemals fehlen dürfen:
Spielplan der Arena di Verona, CDs mit italienischen Opern und unser privates, seit Jahrzehnten geführtes Restaurant-Verzeichnis.

Mein Urlaubs-Buchtipp:
Christoff Neumeister, „Das antike Rom“ (C. H. Beck)

Mein juristischer Reisetipp:
Niemals an Jus denken, allenfalls am Forum Romanum nach den XII Tafeln graben.

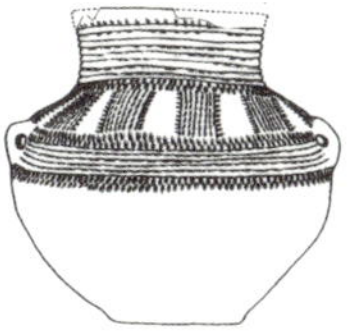

APULIEN UND KALABRIEN

Besonders fasziniert mich dort:
Das blaue Meer, viel unberührte Landschaft, die Architektur, das Essen und Trinken

Am besten kommt man dort hin:
Mit dem eigenen Auto

Die beste Reisezeit dafür ist:
Immer, besonders der Sommer

Meistens wohne ich:
In Vieste die Gargano (Hotel Pizzomuno Palace) oder in Tropea (Hotel Baia del Sole)

Mein Geheimtipp
Montalto Uffugo, wo die Oper „I Pagliacci" spielt; die auf der Hochebene gelegene mittelalterliche und barocke Stadt Matera (unbedingt: Ristorante „Il Cantuccio"); das Juwel des süditalienischen Barock: Lecce

DR. GEORG WILHELM

Universitätsprofessor

Reisen bedeutet für mich:
Radeln auf fremden Wegen

Mein idealer Reisegefährte:
Dunkel, mit breiten Backenknochen

Der ideale Urlaubstag:
Morgen

Ein wunderbares Urlaubserlebnis:
Vgl. 2. Rubrik von oben

Meine absolute Traumreise würde mich führen:
In ein sonnendurchflutetes Zimmer am Nachmittag

Drei Dinge, die in meinem Reisegepäck niemals fehlen dürfen:
Ohropax, Psychopax, Knoblauch

Mein Urlaubs-Buchtipp:
Mommsen „Römische Geschichte“

ITALIEN

Besonders fasziniert mich dort:
Eidechsen

Am besten kommt man dort hin:
Eisenbahn und Fahrrad

Die beste Reisezeit dafür ist:
Mai

Meistens wohne ich:
Unter breiten Backenknochen

Mein Geheimtipp

Montanara, Venetien

DR. GÜNTHER WINSAUER

Generalsekretär des Österreichischen Juristentages,
Richter des Oberlandesgerichtes Linz

Reisen bedeutet für mich:
Neues sehen und erleben, Entspannung, Abstand vom beruflichen Alltag

Mein idealer Reisegefährte:
Meine Frau

Der ideale Urlaubstag:
Ein sonniger Tag, ein gemeinsames, ausgedehntes Frühstück im Freien, ein gemütlicher Stadtbummel mit dem Besuch eines Kaffeehauses, Genuss von Kunst oder Kultur, Abkühlung im Wasser, ein interessantes Buch lesen, abendliches Essen mit gutem Wein, die Zeit genießen

Ein wunderbares Urlaubserlebnis:
Einsam an der Westküste von Kreta

Meine absolute Traumreise würde mich führen:
Arabische Emirate

Drei Dinge, die in meinem Reisegepäck niemals fehlen dürfen:
Interessante Bücher, Reiseinformationen, die Lesebrille

Mein Urlaubs-Buchtipp:
Günter Grass „Im Krebsgang“, Wolf Serno „Die Mission des Wanderchirurgen“, Dan Brown „Illuminati“

Mein juristischer Reisetipp:
Überprüfung der Gültigkeit von in Frage kommenden Versicherungen für Notfälle

SÜDTIROL

Besonders fasziniert mich dort:
Klima, Lebensweise, Gastronomie, Kultur

Am besten kommt man dort hin:
Mit dem Auto

Die beste Reisezeit dafür ist:
Mai und September/Oktober

Meistens wohne ich:
In Unterinn am Ritten

DR. CHRISTIAN WOLF

Universitätsprofessor, Hannover/München

Reisen bedeutet für mich:
Als Pendler: Zu Hause im ICE – zu Hause auf Reisen oder doch umgekehrt?

Mein idealer Reisegefährte:
Montagmorgen der Kaffee im ICE-Bistro – Donnerstagabend der Rotwein im ICE-Bistro.

Der ideale Urlaubstag:
Ausschlafen (wenn unser Sohn uns lässt), Sandburgen bauen (im Sommer), Skifahren (im Winter), Faulenzen, Essen gehen, etc.

Ein wunderbares Urlaubserlebnis:
Immer wieder aufs Neue: Ein gutes Lokal zum Abendessen entdeckt zu haben.

Meine absolute Traumreise würde mich führen:
Gibt es noch Traumreisen?

Drei Dinge, die in meinem Reisegepäck niemals fehlen dürfen:
Wirklich wichtig sind nur zwei Dinge: Kreditkarte und Cell-phone

Mein Urlaubs-Buchtipp:
Alles was nicht unter folgende Kategorien fällt: Dissertationsentwürfe, Examenshausarbeiten und noch nicht gelesene Sonderdrucke. (Mir gelingt es aber fast nie mich an meinen eigenen Buchtipp zu halten!)

Mein juristischer Reisetipp:
Soll man nach der Lektüre folgender Urteile (nur eine sehr kleine Auswahl) wirklich noch einen juristischen Reisetipp geben? AG Baden-Baden, NJW 1999, 1340; AG Mönchengladbach, NJW 1995, 884; AG Kleve, NJW 2000, 84

MEIN REISETIPP

Gerne reise ich nach:
Im Winter: Schruns, Montafon; im Sommer, Frühjahr und Herbst: Oberitalien sowie Nord- und Ostsee

Besonders fasziniert mich dort:
Die Landschaft, die Berge, die Seen, das Meer, der Wind. Und natürlich gute Lokale!

Am besten kommt man dort hin:
Mit dem Auto, macht das Packen einfacher.

Die beste Reisezeit dafür ist:
Schruns: Mit Beginn der Semesterferien im Februar; Nord und Ostsee: Mai (leider meist mitten im Semester); Oberitalien: September, Oktober (vor Beginn des Wintersemesters)

Meistens wohne ich:
In einem, aber keinem bestimmten Hotel

Mein Geheimtipp

Nach wie vor: Villa Giulia in Gargnano:
http://www.hotelgardasee.villagiulia.it Der Aufenthalt sollte unbedingt mit einem Besuch in dem nur wenige Schritte entfernten Restaurant La Tortuga verbunden werden.

DR. KLAUS WOSCHNAK

Notar

Reisen bedeutet für mich:
Abstand gewinnen, Verstehen lernen, Kultur genießen, Kreativität fördern

Mein idealer Reisegefährte:
Meine Frau

Der ideale Urlaubstag:
Jeder, der mir geschenkt ist.

Ein wunderbares Urlaubserlebnis:
Ernteeinbringen im Vinschgau bei Glurns vor 35 Jahren

Meine absolute Traumreise würde mich führen:
Mit dem Schiff durch die Weltmeere zu den schönsten Kulturdenkmälern an den Küsten

Drei Dinge, die in meinem Reisegepäck niemals fehlen dürfen:
Bücher, Fernglas, Nackenrolle

Mein Urlaubs-Buchtipp:
Joseph Conrad „Lord Jim"

Mein juristischer Reisetipp:
Vollkasko, Höchstgeschwindigkeiten einhalten

OBERITALIEN

Besonders fasziniert mich dort:
Bergamo, Bellagio, Venedig

Am besten kommt man dort hin:
Mit dem Wagen

Die beste Reisezeit dafür ist:
Frühling und Herbst

Meistens wohne ich:
In kleinen Hotels

Mein Geheimtipp

Ristorante Corte Sconta, Venezia, Calle del Pelestrin 3886, Castello, Vaporetto Arsenale, Tel. 041 522 7024, Reservierung unbedingt erforderlich, Vorspeisen € 12 – € 16, Hauptgerichte € 12 – € 20 (unverbindliche Angaben), Weine: della casa. Man folgt am besten den Empfehlungen der Padrona (verbindliche Angabe)! Einfach köstlich!

DDR. JÖRG ZEHETNER

Rechtsanwalt, Partner der KWR Karasek Wietrzyk Rechtsanwälte GmbH

Reisen bedeutet für mich:
Batterien aufladen. Menschen und deren Kultur entdecken. Leben.

Mein idealer Reisegefährte:
Da bin ich eher anspruchslos: Wichtig ist nur: Eine wunderschöne, intelligente und gebildete Frau, voller Energie, sportlich, sinnlich und – ganz wichtig – unkompliziert. Im Skiurlaub mein Bruder Ulf auf Grund seiner nahezu grenzenlosen Ski- und Après-Ski-Tauglichkeit.

Der ideale Urlaubstag:
Ein ereignisreicher Tag voller Entdeckungen, der am Abend am Meer bei einem Glas, oder besser mehreren Gläsern, Wein ausklingt. Am besten mit s. vorhergehende Rubrik (1. Variante). Oder: Toller Skitag bei Pulverschnee, Sonnenschein und Geschwindigkeitsrausch samt Ausklang!

Mein eigenartigstes Urlaubserlebnis:
Als ich mit gut vier Jahren wieder begonnen habe am Strand aus dem Flascherl zu trinken, ausgelöst durch die Bewunderung, die mein mehr als drei Jahre jüngerer Bruder – flascherltrinkend bei rassigen Italienerinnen hervorrief („bambino modello“, „angelo biondo“). Da es nur am Flascherl liegen konnte, tat ich es ihm nach. Ohne Erfolg. Leider.

Meine absolute Traumreise würde mich führen:
Rund um die Welt. Mindestens ein Jahr lang.

Drei Dinge, die in meinem Reisegepäck niemals fehlen dürfen:
Reise- und Sprachführer, Schnaps, Schweizermesser

Mein Urlaubs-Buchtipp:
Graham Greene „Unser Mann in Havanna“ bei einem Mochito auf der Dachterrasse des Hotels Casa Granda in Santiago de Cuba lesen. Und damit es keine Entzugserscheinungen gibt: Einen Band des Rummel-Kommentars … nein, lieber doch nicht.

Mein juristischer Reisetipp:
Unter „Dr." buchen, und freundlich aber bestimmt nach der ersten Zimmerbesichtigung fragen, ob es nicht ein besseres gebe. Gibt es fast immer, da die Hotels regelmäßig bessere Zimmer für derartige Querulanten zurückhalten.

BALI

Eine wunderbare, bezaubernde Insel und dennoch – auf Grund eines Terroranschlags 2000 – immer noch unglaublich preiswert.

Besonders fasziniert mich dort:
Die Handwerkskunst und Lebensfreude der Einwohner. Die Tänze, die Tempel, die Affenwälder. Bali ist im Übrigen die einzige hinduistische Insel im ansonsten islamisch geprägten Indonesien.

Am besten kommt man dort hin:
Zu Fuß, aber auch mit dem Fahrrad (mit anschließendem Schwimmen) ist es zu weit, am ehesten würde ich Fliegen empfehlen.

Die beste Reisezeit dafür ist:
Bali ist für den südostasiatischen Raum auffallend wetterbeständig. Trockenzeit: April bis Oktober. Bali ist aber das ganze Jahr über problemlos bereisbar.

Meistens wohne ich:
In Hotels, selten unter Brücken. Im Ernst: Ich fahre eigentlich kaum öfter an ein und denselben Ort.

Mein Geheimtipp
Schon ca. zehn Tage vor dem eigentlichen Urlaubsantritt offiziell den Urlaubsbeginn ansetzen und keine Termine mehr eintragen lassen, dann geht sich der eigentliche Urlaubsantritt auch wirklich aus. Und: Publikationen vorher abschließen und sich während des Urlaubs schon auf die Fahnen freuen.

DR. ULRICH ZEITEL

Rechtsanwalt

Reisen bedeutet für mich:
Raus aus dem gewöhnlichen Trott und in andere Lebensverhältnisse und Kulturen eintauchen

Mein idealer Reisegefährte:
Meine Frau und meine Kinder, weil man dann gemeinsam von dem Erlebten träumen kann.

Der ideale Urlaubstag:
Ohne Stress aufstehen und sich auf die Abenteuer des Tages freuen.

Ein wunderbares Urlaubserlebnis:
Mit meinen beiden Söhnen in der Wildnis von Alaska zum Lachsfischen rausfliegen und mit guter „Beute“ am Abend das kleine Flugzeug erwarten, das uns wieder in die Lodge zurückfliegt.

Meine absolute Traumreise würde mich führen:
In die Wildnis Alaskas, nur mit Boot und Guide und dann 14 Tage „outdoor“

Drei Dinge, die in meinem Reisegepäck niemals fehlen dürfen:
Fotoapparat, Geld und eine kleine Schnur

Mein Urlaubs-Buchtipp:
Heinrich Harrer „Die weiße Spinne“

Mein juristischer Reisetipp:
Vergiss juristische Finessen und probier`s mit Freundlichkeit.

NORDAMERIKA

Gerne reise ich nach:
Nordamerika, insbesondere nach Britisch Columbien und Alaska und dort speziell auf die Kenai Halbinsel

Besonders fasziniert mich dort:
Die Freude der Menschen an der Natur und die Begeisterungsfähigkeit für die Lachsfischerei gepaart mit dem Bewusstsein, dieses wunderbare Naturerlebnis der aufsteigenden Lachse erhalten zu müssen. Dazu die Lockerheit im Umgang mit Fremden und die Bereitschaft diese teilhaben zu lassen.

Am besten kommt man dort hin:
Nach Anchorage mit Lufthansa (im Sommer 64 kg Freigepäck!! für den Fangerfolg) und dann weiter mit der WestAir (akwest@alaska.net).

Die beste Reisezeit dafür ist:
Von Ende Mai bis Anfang August, weil dann immer mehrere Lachsarten ziehen.

Meistens wohne ich:
Leonard's last frontier fishing adventures, P.O. Box 4186, Soldatna, AK 99669. Leonard Ball kennt alle Tricks und Kniffe des Kenai rivers und seine Lodge liegt direkt am Fluss mit privatem Zugang.

Mein Geheimtipp
Lachs zum Räuchern bringen oder direkt kaufen bei: Ed's Kasilof seafoods, P.O. Box 18 Kasilof, Alaska 99610. Danach lassen Sie alle Lachsbuffets „links“ liegen, weil der Geschmack der dort geräucherten Fische sensationell ist. Das Geheimnis der verwendeten Hölzer und sonstigen Zutaten wird streng gehütet.